LiteraturFilm 6

Beiträge zur Medienästhetik

Hg. von Dagmar von Hoff

Dagmar von Hoff
Monika Szczepaniak
Lena Wetenkamp (Hg.)

Poetiken des Auf- und Umbruchs

Bibliografische Information der Deutschen Nationalbibliothek
Die Deutsche Nationalbibliothek verzeichnet diese Publikation
in der Deutschen Nationalbibliografie; detaillierte bibliografische
Daten sind im Internet über http://dnb.d-nb.de abrufbar.

Abbildung auf dem Umschlag:
Árbol de Piedra in der Siloli-Wüste in Bolivien
Abdruck mit freundlicher Genehmigung der Fotografin.

ISSN 2195-4984
ISBN 978-3-631-63827-9

© Peter Lang GmbH
Internationaler Verlag der Wissenschaften
Frankfurt am Main 2013
Alle Rechte vorbehalten.
Peter Lang Edition ist ein Imprint der Peter Lang GmbH

Das Werk einschließlich aller seiner Teile ist urheberrechtlich
geschützt. Jede Verwertung außerhalb der engen Grenzen des
Urheberrechtsgesetzes ist ohne Zustimmung des Verlages
unzulässig und strafbar. Das gilt insbesondere für
Vervielfältigungen, Übersetzungen, Mikroverfilmungen und die
Einspeicherung und Verarbeitung in elektronischen Systemen.

www.peterlang.de

Inhaltsverzeichnis

Vorwort 7

„Linear gilt nicht mehr – über Gleichzeitigkeit in Texten und übers Nicht-Verstehen" 9
Katharina Hacker

On the road auf slawisch. Figurationen des Aufbruchs in der Prosa
von Andrzej Stasiuk 19
Monika Szczepaniak

Spuren-Suche. Medea als deutsch-jüdische Erinnerungsfigur vor und
nach 1945 35
Inge Stephan

Umbrüche der Erinnerung: H. G. Adlers exzentrische Stellung
im Kanon der Holocaust-Literatur 53
António Sousa Ribeiro

„Bruno's Pyre and Einstein's Time". Yvan Golls „Atom Elegy" und
der Reismus 63
Robert Vilain

Umbruch ohne Aufbruch. Zur Politisierung des Künstlermythos
im Zuge der Vergangenheitsbewältigung seit 1945 85
Karina von Lindeiner-Stráský

Niederlage und Aufbruch. *Die Toten bleiben jung* von Anna Seghers 99
Bernhard Spies

Absolut komisch. König Peter und die Philosophie in Büchners
Leonce und Lena 111
Ariane Martin

Bild – Erzählung – Aporie. Die verstörende Poetik Wolframs
von Eschenbach 125
Stephan Fuchs-Jolie

Verzeichnis der Autor(inn)en 139

Vorwort

Kann Literatur Zeiterfahrung wiedergeben oder ist sie sogar ihrer Zeit voraus? Die Schriftstellerin Katharina Hacker hat von einer Poetik gesprochen, die die „Auf- und Umbrüche des Lebens und Schreibens" einfängt, die Form und Inhalt zugleich wäre und somit auch „Lebensanweisung" sein könnte. Nur wenn in der Literatur sich unbekannte Stimmen erheben, die Gehör finden, kann es zu Auf- und Umbrüchen kommen. Die amerikanische Philosophin Martha Nussbaum sieht die künstlerischen Disziplinen ebenfalls in der zunehmenden Pflicht, sich zu gesellschaftlichen Entwicklungen zu positionieren. Mit ihrer engagierten Schrift *Not for Profit. Why Democracy needs the Humanities* (2010) wird erneut die Sinnhaftigkeit der Geisteswissenschaften proklamiert; ja, es herrscht eine Art Umbruchs- und Aufbruchsstimmung. Die Geisteswissenschaften umkreisen Fragen nach Subjektivität und Identität, Ethik und Norm, nach Politik und Sinn in einer neuen Art und Weise, die sich von den dekonstruktiven Diskursen der letzten Jahrzehnte durch ihren politisch engagierten Ton abhebt. Auch die Rückbesinnung auf wichtige literaturhistorische Wenden und Umbrüche zeigt das seismografische Gespür der Literatur auf. Denn in der Kunst wird präzis dargelegt, wie gesellschaftliche Veränderungen vonstattengehen, wie sich auch eine ästhetische Tektonik verschiebt, woraus neue Kräfte und Ideen hervorgehen. Indem die Literatur über zeitgeschichtliche Prozesse reflektiert und sich in gesellschaftlich-politischen Kontexten positioniert, macht sie auf Anpassungsphänomene, Abnutzung von innovativen Kräften oder bequemes Sich-Einrichten in sogenannten Alternativlosigkeiten aufmerksam. So antizipiert sie nicht nur epochale Aufbrüche und Neubesinnungen, sondern auch kulturelle Transformationen, politische Umbrüche und ästhetische Renaissancen. Ebenfalls reagieren literarische Diskurse auf geistig-existentielle sowie wirtschaftlich-politische Umbrüche und Wenden, sie kommentieren und bewerten diese kritisch.

Dass der etymologische Bedeutungsgehalt der Worte Aufbruch und Umbruch hierbei nicht eindeutig ist und von dem Aufbruch der Wunde, des Lagers, und somit einer kriegerischen Bedeutung, bis hin zu einem Aufbruch in ein neues Zeitalter, Umbruch der Erde als Vorbereitung des Ackers auf neuen Ertrag und somit einer sehr positiven Konnotation reicht, spiegeln die im vorliegenden Band abgedruckten Aufsätze wider, wenn sie sich dem Thema von vielfältiger Perspektive nähern. Die wissenschaftlichen Analysen zeigen, dass unterschiedliche Poeten des Auf- und Umbruchs diesen Zeitenwenden, Umbrüchen und Aufbruchsphänomenen in ihren Werken nachgehen. Die Namen der Schriftsteller reichen von Wolfram von Eschenbach, Georg Büchner, Anna Seghers, H. G. Adler, Yvan Goll, Wilhelm Furtwängler, Bertolt Brecht, Gertrud Kolmar, Elisabeth Langgässer, Paul Celan bis zu Andrzej Stasiuk. Dabei haben diese Autoren den Aufbruch teilweise in der eigenen Biographie erfahren, teilweise haben sie an der Aufbruchsstimmung von Epochenumbrüchen partizipiert. Ihre Texte machen deutlich, dass Auf- und Umbrüche ein kulturimmanentes Phänomen darstellen und demonstrieren auf verschiedene Art und Weise, wie geistige Diskurse den Gesellschaftswandel antizipieren, begleiten und reflektieren.

Herzlichen Dank an Katharina Hacker für ihren inspirierenden Beitrag. Danken möchten wir außerdem an dieser Stelle der Inneruniversitären Forschungsförderung und der Abteilung Internationales der Johannes Gutenberg-Universität Mainz, den Freunden der Universität Mainz e. V. sowie dem Deutschen Institut für ihre vielfältigen Unterstützungen. Unser besonderer Dank gilt Ingeburg Leukert, die die Drucklegung des Bandes großzügig gefördert hat.

Dagmar von Hoff, Monika Szczepaniak, Lena Wetenkamp

„Linear gilt nicht mehr – über Gleichzeitigkeit in Texten und übers Nicht-Verstehen"

Katharina Hacker

Könnten wir uns nur abgewöhnen, Glück und Unglück gegeneinander auszuspielen, die Idee der Notwendigkeit in den Himmel zu heben.
Während ich versuche in eine angemessene
Form zu bringen, was ich sagen möchte:
Über was muß ich mir eigentlich – wie explizit auch immer – Rechenschaft ablegen beim Schreiben? Inwieweit muß ich seine Grundlagen kennen, seine Annahmen?
Das abgedroschene Bild eines vielstimmigen Konzertes, die Literatur als Konzert. Was wir wissen?
Was glaube ich, heute, über die Verletzlichkeit, über den Jubel? Glaube ich, daß Menschen glücklich, unglücklich sind? Glaube ich, daß sie es, daß wir es schwer haben?

Auf- und Umbrüche sind oft genug gewaltsam. Von der Gewaltsamkeit gibt es zwei Arten, die offenkundige, erfahrene Brutalität zwingt zu Aufbrüchen, zu Abbrüchen auch (etwas ist nicht mehr tauglich, oder man würde sich schämen, es weiter zu verwenden). Es gibt auch leise Gewaltsamkeit, die man erst im Nachhinein bemerkt. Erschütterungen, die schleichend sind, plötzlich einen in ihrem ganzen Ausmaß packen.

Zu der Idee, die man von Aufbrüchen hat, gehört, was man von Entscheidungen hält. Glauben Sie an freie Entscheidungen, menschliche, künstlerische? Können Entscheidungen einen Aufbruch bewirken oder erzwingen oder sich umgekehrt einem erzwungenen Aufbruch entgegenstemmen? Entscheidet man in künstlerischen Prozessen bewußt oder unterliegt man Inspirationen, Einflüsterungen, Prägungen? Muß ich so etwas wissen, beim Schreiben oder Leben, muß ich wissen, wie ich es mit Entscheidungen halte?

Ich rede vom Schreiben, ich rede vom Leben, beides gehört so sehr zusammen, daß ich die hier an der Akademie einmal diskutierte Frageskizze: Gesetze des Schreibens, Gesetze des Lebens – zu meiner eigenen Überraschung beantwortete: sie sind für mich eins.

Auf- und Umbrüche also des Lebens und Schreibens. Eine Poetik, die zugleich Lebensanweisung wäre?
Darauf möchte ich mich nun nicht verpflichten – aber dafür gibt es ja auch diese Tagung und das Gespräch, daß man gemeinsam darüber nachdenkt.

Will man solch eine Auffassung vertreten, hat es jedenfalls Folgen.

Sie müssen sich jetzt konzentrieren, denn ich springe: diese Überlegung hat die Form eines Fadenknäuels mit Knoten. Die Bewegungen des Fadens sind nicht leicht zu verfolgen im Knäuel, und die Knoten sind dicht gezurrt.
Die Metaebene soll aber zu den Geschichten gehören – Wunderknäuel nannte meine jerusalemer Freundin, die Schriftstellerin und Psychoanalytikerin Anna Maria Jokl einen Nachtisch, in dem man auf überraschende Dinge stieß, Datteln im Schokoladenpudding, Mandeln plötzlich, ich weiß nicht, was sie alles hineinschmuggelte, es war aber immer köstlich. Eine Traube, ein anderes Obst. Etwas Süßes auf der Zunge. Etwas Bitteres zwischen den Zähnen, ein Traubenkern.

Hier ist – ein Knoten (der zweite eigentlich, denn im ersten hingen Schreiben und Leben ineinander), den man erst einmal leicht entwirren kann:
Erst die Form? oder erst der Inhalt? Was geht voran?
Und beide sollen in eins fallen, ein unentwirrbares Gefizzel sein oder kongruent und einander bedingen.
Glauben Sie daran?
Glaube ich daran?
Entwirrt: beides ist unentwirrbar, dabei aber kein Wirrwar, sondern Harmonie. Schönste Notwendigkeit zueinander.

Und hier kommt der nächste Knoten, diese beiden hängen eng zusammen:
Den dritten Knoten formuliere ich als Frage: müssen wir denn wirklich die Notwendigkeit so anhimmeln? Notwendig, könnte niemals anders sein, anders gedacht, anders geschrieben – kein Wort überflüssig, zwingend – mit diesen Prädikaten werden Kunstwerke gelobt.
Nun habe ich ein Problem: ich mag Notwendigkeit nicht. Ich mag sie nicht in meinem Leben. Notwendig ist der Tod. Der Abschied. Das ist das Unabdingbare.
Dagegen denke ich. Dagegen schreibe ich. Manchmal füge ich mich. Einmal werde ich mich fügen müssen. Ich hoffe, es ist noch lange hin –.
In der Kunst suche ich jedenfalls, ob es Freiheit gibt.

Aber zurück, bevor wir den Faden und die Knoten verlieren.
Wenn's um Aufbrüche und Umbrüche geht: was kommt zuerst, die Form oder der Inhalt?
Wenn es um *willentliche* Aufbrüche geht: Was kommt zuerst: der Inhalt oder die Form?

    (Und verfahre ich eigentlich deskriptiv oder normativ? – nun, eher letzteres, scheint mir.)

Da ist vielleicht ein Kern, der Punkt scharfer Differenz zwischen unterschiedlichen Autoren. Sollen wir uns an dem orientieren, was wir um uns wahrnehmen, und darauf verlassen, daß sich die adäquaten Formen aus der Beobachtung ergeben?
Oder sollten wir umgekehrt neue erzählerische Formen ausprobieren, um durch unsere Sprachlichkeit zu einer schärferen, auch reicheren Wahrnehmung zu kommen?
Und wo ist die Gegenwärtigkeit (welch reizendes Wort) versteckt?

> Wenn ich aus dem Haus, nach links, gehe…
> passiere ich einige kleinere Läden, ein Café, ein Büro, in dem über schrumpfende Städte gearbeitet wird, eine Einfahrt, eine Wasserpumpe außer Betrieb, einen Fahrradladen, eine Wäscherei, mit deren Schneiderin wir uns angefreundet haben, einen Asia-Imbiß,
> dann bin ich zur Hauptstraße gelangt, die Hauptstraße heißt,
> wieder links – eine Bushaltestelle, gleich das Gedränge, die Billigläden, das Sparschwein, über dem der Schriftsteller Laszlo Krasnahorkai Wohnung genommen hat, immer beinahe Rempelei, wenn man nicht achtgibt, und wie geschnitten haben sich die Passanten verändert, andere Gesichter, andere Körper, Armutsgrenzen, Kopftücher, vor der Post die Bettler, was sind das für Geräusche?
> Ich glaube nicht an die Gegenwärtigkeit und nicht an eine Historie, die uns bestimmt. Folglich glaube ich auch nicht an Aufbrüche (noch viel weniger an Umbrüche). Und doch –.
> Die Bettler, von denen meine fünfjährige Tochter sagte, schau doch, die keine Zeitung verkaufen – sie bekommen mehr Geld als die anderen. Sie hat recht.
> Die sich ausgrenzen und nichts weiter sind als ihre eigene Figur, ihre Geschichte, ihr eigener Topos, gleichzeitig der Topos der Mildtätigen, sie bekommen mehr. Sie sind gegenwärtig *und* historisch. Sie sind gehorsam…
> Wenn ich aus dem Haus gehe, nach links, bis zur Hauptstraße, finde ich sie zwischen den kleinen, fadenscheinig aussehenden Eingängen zu den Handy-Läden, in denen mit Verträgen und Geräten, mit dem so unstillbaren Bedürfnis, jederzeit erreichbar zu sein, jederzeit zu erreichen, gehandelt wird. Dazwischen Kleiderläden. Dazwischen Matratzenläden, geheimnisvoll viele, als müßten wir uns immer ausruhen.

Wenn ich davon ausgehe, daß die Form dem Inhalt vorausgeht, dann gehe ich auch davon aus, daß schier ein formaler Trick, eine grammatisch erlaubte Anwendung, eine sprachliche Möglichkeit Sätze entstehen läßt, die mir semantisch zunächst unbekannt sind.
Sätze sind (auf irgendeine, mutmaßlich komplizierte Weise) Abbild und Hinweis, sie zeigen eines und geben eine Richtung.

Wieder ein Knoten.
Paradebeispiel dafür ist die Negation.
Die sogenannte externe Negation, die formalisiert als – sagen wir: Markierung *vor* einem vollständigen Satz stehen könnte, verwandelt einen Satz, der einen Sachverhalt wiedergibt, in einen Satz, dessen Inhalt zunächst ungeklärt ist.
Gott ist nicht ewig – um ein philosophisch prominentes Beispiel aus der Diskussion um die *theologia negativa* zu nehmen.
Aber wo ist er dann in der Zeit? In seiner Zeit, seiner Zeitlosigkeit? Wohin können wir denken, über die Zeit, mit oder ohne Gott, wenn wir einen negativen Satz als Ausgangspunkt nehmen, der Meditation, der Diskussion, des Nach- und Weiterdenkens? Gott ist nicht ewig – der Satz kann zeigen, was er nicht sagen kann, er kann darauf hinweisen, er ist dafür gemacht, die Aufmerksamkeit in eine bestimmte Richtung zu lenken.

> Sätze in ihrer Anordnung bilden vielleicht ab, was uns umgibt, beschreiben das Quietschen der Straßenbahn in der Züricher Wohnung, in der ich gerade sitze, sie erinnert mich an eine andere Straßenbahn, in Poznan, vor dreißig Jahren, die unter unserem Hotel fuhr, quietschte, Jahre später war ich wieder in Poznan, wir fuhren in der Straßenbahn, der Mann, der nicht mein Mann war, noch nicht, wir waren unglücklich, ich wollte ein Kind, er wollte kein Kind, die Straßenbahn schien so merkwürdig vertraut wie aus einem Traum (und während ich das schreibe, denke ich an die Straßenbahnen in Lissabon, wo ich einen der Anfälle von Todesangst hatte, den Berg steil hinauf, das Holz der Bänke, abgesessen, poliert, immer oberhalb eines Abgrundes, den ich nicht nennen konnte, und ich lernte David Grossmann in diesen Tagen kennen, der von seinem Sohn erzählte, seinem Sohn, der zwei Jahre später an der libanesischen Grenze fiel –)
> vertraut wie aus einem Traum diese Straßenbahn und dann doch nicht aus einem Traum, als ich ein altes Nummernschild entdeckte, daß mir den Hinweis gab, die Nummer Elf, das war meine Straßenbahn, d a s war meine Straßenbahn zur Schule gewesen, diese grünen Sitze, alles nicht nur schon einmal gesehen, sondern angefaßt, tagtäglich zwei Mal in Frankfurt, und die Stadt hatte wohl die ausrangierten verkauft, verschenkt nach Polen...

Bleiben wir bei der Zeit. Gottes Zeit ist die allerbeste Zeit heißt es in einer Bachkantate.
Welches ist denn unsere Zeit?
Sollte man ketzerisch argwöhnen, unsere Zeit ähnelte der Zeit Gottes? Allgegenwärtig.
In der Zeit, im Raum.

Es ist ein Umbruch, es sollte ein Aufbruch sein.
Das digitale Zeitalter.

Da ich reise. Da meine Zeit beengt ist wie ein Kleidungsstück, das nicht gut paßt. Da die Stunden des Alleine-Seins und Schreibens zu knapp. Da immer etwas aussteht. Kaum sitze ich im Zug, klappe ich meinen Laptop auf. Ich schreibe in meine fortlaufende Datei, in die alles geschrieben wird, Einkaufslisten, Kindersätze, Romansätze, Vorträge. Ich beantworte Emails. Als Mensch, der möglichst nicht telefoniert. Als Mensch der schreibt. Ich werfe einen Blick in den Perlentaucher und in die Zeitungen. Ich schaue aus dem Fenster. Ich liebe es, aus dem Fenster zu schauen. Ich höre dabei Musik.

Und ich bin glücklich. Ich bin überglücklich mit meinem Laptop, mit den Korrespondenzen, mit den Nachrichten und Foren. Ich gucke ins Forum der Dreizehn oder suche etwas auf Poetry International. Ich fühle mich so lose verbunden mit Dingen, wie ich es gerne bin; es ist deswegen nicht weniger ernsthaft. Es ist auch nicht unkonzentriert. Vielleicht ist die Neigung größer, sich zu überanstrengen. Das haben Leute aber immer schon getan, sich geistig überanstrengt. Derlei geht auch mit Büchern…

Jetzt ist der Punkt, wo ich auf die Gleichzeitigkeit komme. Denn
Wo ist die Gleichzeitigkeit?
In der Zeit?
Die Zeit ist aber immer – gleichzeitig.
Wie ist das mit dem Text?
Das ist wieder ein Knoten.
Der Text, das scheint mir vernachlässigt zu werden, gehorcht den Augen. Es gibt, ohne die Augen, keinen Text. Weder den gelesenen. Noch den ungelesenen.
Dieser Text, der den Augen gehorcht, wird von graphischen Konventionen geordnet.
Sie signalisieren, so meine These, und bestimmen die Zeitlichkeit eines Textes.
Es gibt, zumeist, das schiere Nacheinander als Hintereinander.
Es gibt – das Nebeneinander als Gleichzeitigkeit, die auch ein Hintereinander sein muß – aber die Gegenwart als der zerdehnte Augenblick läßt ein zerdehntes Lesen zu… Das heißt, die nacheinander gelesenen Texte beziehen sich anders aufeinander, als es graphisch nacheinander angeordnete Zeilen tun, die einen zeitlich geordneten Narrativ mitteilen.

Viel hängt davon ab, wie man das Lesen auffaßt, ob schier der Text in den Kopf hinein soll, seine Bedeutung, ganz unabhängig von allem, was ihm anhaften mag – äußerlich – als Gestalt, als Auftreten.

Der Umbruch ist *Das Digitale*. Der Umbruch ist, daß Texte ins Auge springen. Daß sie nicht länger stillhalten, sich bewegen, hüpfen. Daß sie keine feste Form haben auf dem Bildschirm, sondern sich vor unseren Augen finden.

Sie sind, die Texte, abstrakter und physischer geworden.
Sie sind, auf passende Weise, scheint mir, in die Zeit geraten, in der wir auch sind.
Der Platz, den sie einnehmen, ist variabler und begrenzter, obwohl sie überall sein können. Sie müssen sich den Platz teilen.
Sie sind umrandet, umzingelt und in Konkurrenz.
Gleichzeitig tauchen sie vor unseren Augen auf.
Lernen wir jetzt, gleichzeitig zu lesen?

Es gibt – nächster Knoten – in der Gedächtniskunst eine starke These, daß nämlich die Illuminationen (wie andere Ver-Bilderungen) nicht etwa bloß Verzierung sind, sondern Markierung, daß sie helfen sollen, sich – mit dem Bild – den Text besser ins Gedächtnis einzuprägen.
Einerseits geschieht das (so die *ars memoria*) durch die Platzierung: indem man sich leicht merken kann, wo der Text steht, fällt es auch leichter, seinen Inhalt zu rekapitulieren.
Andererseits war der Gedächtniskunst immer bewußt, ihre Wirksamkeit sei eine emotionale. Verknüpft sich mit einem Inhalt eine starke Gemütsbewegung, behält man den Text.
Das bunte, vielleicht dramatische Bild (geschrieben oder auch gezeichnet und ausgemalt) färbt die Lektüre.
Was gelesen wird, hat als Hintermalung die Farben und Emotionen des – vielleicht illustrierenden, vielleicht unzusammenhängenden Bildes am Rand (Mary Carruthers argumentiert, daß etwa die Sternkreiszeichen wahrlich nicht schlechte Bilder aus herbeigezwungenen Verbindungslinien sein sollten – sondern eben Merkzeichen).
Interessanter Weise beharrt die Gedächtniskunst eben nicht darauf, daß Bild und Text entweder thematisch oder auch nur emotional kongruent sein müssen.
Sie beharrt, daß man sich nichts, aber auch gar nichts merkt, was man sich nicht – einverleibt... Der Anreiz dazu, sich etwas einzuverleiben, ist nicht thematisch fixiert.

Wie die Bebilderung, so auch parallele Texte. Die Kommentare, das Nebeneinander, mehr oder minder geordnet, mehr oder minder hierarchisiert, funktionieren nicht anders. Die Anordnung ist ein optisches Merkzeichen (wir wissen ja, wie oft sich nicht einmal der Inhalt des gesuchten Satzes präsent hält – aber seine Position auf der Seite).
Der Inhalt kann ein emotionaler sein.
Eine beschriebene Geographie etwa prägt sich ein, wenn in der Straße eine dramatische Szene, ein Unfall, ein Überfall – geschildert ist.

Was hat das mit der Zeitlichkeit zu tun?
Die Erfahrung der Zeit hat sich verändert. Unsere Ordnungsvorstellungen haben sich noch nicht verändert –

Die Form, in der wir schreiben –. Die Form, wie wir die Zeit beschreiben.
das matte Sonnenlicht auf dem braunen Laub, die Eichhörnchen eher
eine Bewegung am Baumstamm, hinauf und hinunter und die Ungewißheit,
plötzlich, den Händen gegenüber, den Fingern auf der Tastatur, eine verschobene
Wahrnehmung, was ist das für ein Gegenstand, den meine Hände berühren? ein
plötzlicher Erinnerungsstreifen, wahrlich kein Blitz, eher wie die Kondensstreifen
der längst vergangenen Flugzeuge, etwas beinahe Tierhaftes, nicht Erinnerung,
sondern eine Anwesenheit, die für mich die gültige Form der Gegenwart ist, diese
Eichhörnchen, am Rande meines Blickfelds und die irritierende Anwesenheit
meiner Großmutter, als wäre ihr nach all den Jahren des Tot-Seins etwas
eingefallen,
während ein Zug pfeift, diese Geräusche wie die Kulisse einer anderen Zeit

wie die Wörter die Sätze die Zeilen
auf dem Papier angeordnet
der Blick, der über den Bildschirm gleitet, eine Reihenfolge bestimmt, dabei
aufnimmt, was er erst einmal ausläßt oder hintanstellt

was sich herstellt

indem die Reihenfolge festgelegt, das Zweite zur Seite gelegt, das Dritte
nicht lesbar in einem Moment und Augenblick, sondern immer nur nacheinander, aber
keinesfalls unabhängig voneinander.

Aber wie – nächster Knoten – stellt sich überhaupt etwas her? Es ist ja nicht da. Es ist
eben doch nichts da, ohne weiteres.
Im Hebräischen gibt es eine Sache, die bemerkenswert ist, wenn man über Sprache
nachdenkt, einer der mittelalterlichen Mystiker – sehen Sie mir nach, daß ich vergessen
habe, wer es war – hat sie wie folgt gefaßt: Daß die Buchstaben des Alphabeths: die
Konsonanten, daß die Konsonanten die Eimer sind, die Gefäße (im Hebräischen sind
die Gefäße eine sehr ehrwürdige Sache), noch leer und unbelebt, in die erst Wasser und
Luft eingefüllt werden müßte,
der Atem,
damit sie aus den bloßen Eimern (*dlij*) zu Buchstaben und Wörtern würden,
nämlich die Vokale,
durch die Stimme erst zum Text.
Es ist tatsächlich so, daß Sie, wenn Sie die Buchstaben auch kennen, einen hebräischen
Text nicht vorlesen können, wenn Sie nicht verstehen, was da geschrieben, was da
gemeint ist.
Das Hebräische können Sie nur semantisch lesen.
Der Text existiert nur in seinem Gebrauch.

Sie erfassen die Gestalt des Wortes, aber es ist nicht mehr als ein Wortkern, eine Wortmöglichkeit –

Ich komme darauf, weil in dieser Auffassung der Text – einen Leser, einen Sprecher braucht.
Atem, Stimme. Oder das lautlose Lesen, das aber insgeheim ausspricht, was es versteht.
Der Text muß aktualisiert werden.
Er wird es im Jetzt.
Die Gegenwärtigkeit aber reicht nicht, es braucht noch den Menschen dazu (oder Engel, Tiere kommen nicht in Frage): das nennt man Anwesenheit.

Nun ist die Frage, welche Form die Anwesenheit hat.
Welche graphische Form sie hat –.
Welchen Gesetzen sie unterliegt. Denen der Zeit. Denen der Augen. Denen der Intuition.
Des Wissens.
Der Erinnerung.
Und wie viel ist die Anwesenheit? Ich meine, wie viele Schichten hat sie? Wie viele Böden und Bedeutungen?

Geschichten, wie sie sich stringent erzählen, scheinen mir unschuldig. Ich möchte sagen: verdächtig unschuldig.
Ihre Handlung. Was geschehen ist und nicht ungeschehen zu machen. Und trotzdem auf eine merkwürdige, beunruhigende Weise unschuldig. Diese Geschichten folgen ja der Notwendigkeit, folgen einer Kausalität. Wer kann was dafür?
So tun sie, die Geschichten, etwas mit uns Menschen. Auch die verwickelten Geschichten, auch die, mit überraschenden Gleichzeitigkeiten. Der Narrativ ist eine Forderung an uns selbst, die Aufforderung zu begründen, wie wir dorthin gekommen sind, dorthin, wo wir jetzt sind, den Wörtern, den Sätzen entlang.

Und hier der letzte Knoten. Der Narrativ gehört zu einer grundlegenden Entscheidung unserer Kultur, unseres Lebens, zu einer Gewohnheit: daß nämlich das Ganze mehr sei als die Summe seiner Teile.
Vielleicht hat Aristoteles für die Literatur damit mehr bewirkt als mit der Poetik.

Wenn wir uns abgewöhnten, Glück und Unglück gegeneinander auszuspielen.
Wenn wir die Anwesenheit ausbuchstabieren könnten, statt der Gegenwärtigkeit, diesem Stakkato zu trauen.
Wenn wir es wagten, die Grenzen zu verschieben.

Ich stelle mir eine Einsamkeit vor, in der die Teile aufsummiert sind wie in manchen Werken der Literatur, wie bei Claude Simon etwa, wenn er von der Trambahn, den Sommern seiner Kindheit erzählt, wenn er vom Gesicht seiner Mutter in ihrem ewigen Liegestuhl erzählt, wenn er von der Nacht im Krankenhaus erzählt, wenn er erzählt, und ich empfinde, daß ich nicht verloren bin, weil ich mich doch – nicht auskenne in meinem Leben (oder in seinem Leben), aber Gesellschaft habe, mir selber Gesellschaft leiste und andere zur Gesellschaft habe, in einer Art, verzeihen Sie mir, brüderlichen Anwesenheit, schwesterlichen Anwesenheit, in der es nicht einmal die Forderung nach Vollständigkeit gibt, geschweige denn die, aus den Teilen etwas zu machen, dies Ganze, das einen einzig gut dastehen läßt, gewissermaßen mit dem Bauch der Bürger.

Jetzt höre ich ein Streichquartett, das 1932 aufgenommen wurde. Vielleicht werde ich noch erleben, daß es vor hundert Jahren aufgenommen wurde, und so wie ich es jetzt aus dem Computer höre, werde ich es dann vielleicht aus einem ganz anderen Gerät hören, vielleicht, ohne daß es ein Geräusch macht, außer in meinem Kopf, und vielleicht werde ich die Bilder dazu sehen können, wie damals das Busch-Quartett sich traf, auf die nicht sehr bequemen Stühle des Studios setzte und anfing zu spielen, ohne mehr als einen kurzen Blick zu tauschen, und der Techniker wunderte sich darüber, daß die vier Männer sich nicht einmal einen guten Morgen wünschten, denn es war Morgen, und in einer Pause verlangten alle nach einem Croissant.
Ich werde sehen, wie ein Laufbursche hinunterläuft und zum Bäcker eilt und mit einer großen braunen Papiertüte zurückkommt.
Näher werde ich einer Zeitreise nie kommen.
Die Croissants waren nicht sehr gut, denn die Aufnahmen stammen schon aus den USA.
Und während ich lausche, schaue ich mich nach den anderen um, verblüfft, daß sie so wenig Reaktion zeigen auf die Musik. Ach ja, sie hören nichts...
Und so begreife ich etwas, von der Anwesenheit des Vergangenen oder Zukünftigen, von einem Aufbruch in etwas, das mehr Platz läßt für die Menschen, für das, was es über uns zu sagen gibt.

Verabschiedung des Faktors Zeit in der literarischen Praxis nicht ganz, bezieht sie sich doch hauptsächlich auf Gegenwart und Zukunft, nicht so sehr auf die Vergangenheit der mit den Raumchiffren Galizien oder Kaiserreich bezeichneten Topographien. Insgesamt erweist sich Stasiuk, wie noch zu zeigen sein wird, nicht so sehr als ein „frommer Abkömmling der Zeit", vielmehr ein „hartnäckiger Bewohner des Raumes"[6].

Reisen als Bewegung im Raum interessiert Stasiuk als individuelle, persönliche Praxis der Kartographierung, als Verbindung der Geographie mit dem Vorstellungsvermögen, als Aufbruch, Erfahrung bzw. Erkenntnis und Rückkehr eines umherschweifenden Beobachters, der ein reiches Vorwissen mitbringt und stets eine „beharrliche Suche nach nicht einmal offensichtlichen Ähnlichkeiten"[7] betreibt, besonders was die raumverhaftete Statik und Überschaubarkeit traditioneller Kulturen betrifft – also jene Elemente, die der Erzähler in den besuchten Regionen sowie im heimatlichen Südostpolen zu finden glaubt. Eben das macht die Reise zu einem Narkotikum: „Ein Amphetamin des Raumes, LSD der Landschaft, ein heroinumnebeltes Einverständnis mit dem Geschehen."[8] Das unstillbare Bedürfnis nach Bewegung lässt den Vagabunden immer wieder aufbrechen, um sich für die Bewegungslosigkeit der archaisch-natürlichen Landstriche zu begeistern und seine Überzeugung von dem Unfertigen, Fließenden, Unbestimmten, Unfesten Mitteleuropas bestätigt zu bekommen.[9] Die starke Akzentuierung der statischen Kategorie *Raum* in Opposition zur illusionären Entwicklungsachse *Zeit*[10] manifestiert sich nicht zuletzt in der heterotopischen Metaphorik, die er auf das „schlechtere" Europa bezieht: „Es gleicht eher einer Insel, vielleicht sogar einer schwimmenden. Ja, vielleicht sogar einem Schiff, das den Strömungen und Winden East-West und *retour* ausgesetzt ist."[11] Die durch Grenzüberschreitungen ermöglichte Konfrontation mit den topographisch-landschaftlichen und kulturell-mentalen Gegebenheiten läuft darauf hinaus, Spuren der Evidenz für einen homogenen Raum zu verfolgen, der noch nicht in die Räder

---

6 Foucault hat einen Antagonismus zwischen den beiden Typen diagnostiziert. Vgl. Michel Foucault: *Von anderen Räumen*. In: Michel Foucault: *Schriften in 4 Bänden. Dits et écrits*. Band 4: 1980–1988. Hg. von Daniel Defert u. François Ewald, übers. von Michael Bischoff u. a. Frankfurt a. M. 2005, S. 931–942, hier: S. 931.
7 Andrzej Stasiuk: *Logbuch* (Anm. 5), S. 121.
8 Ebd., S. 121.
9 Für ein Wappen Mitteleuropas würde sich Stasiuk eine Verbindung von Halbdunkel und Leere aussuchen: „Das erste als Zeichen der Unselbstverständlichkeit, das zweite als Zeichen für den nach wie vor nicht gezähmten Raum. Ein schönes Wappen mit etwas undeutlichen Konturen, die man mit seiner Vorstellung ausfüllen kann. Oder mit Träumen." Ebd., S. 105.
10 „Die Zeit interessiert nur diejenigen, die hoffen, daß sich etwas verändert, also die unbelehrbaren Dummköpfe." Ebd., S. 79.
11 Ebd., S. 141.

der Zivilisationsmaschine geraten ist und der eine enorme Inspiration darstellt, bevor er in seiner regionalen Originalität verschwindet. Daher rührt der stellenweise irritierende Gestus des Balancierens zwischen dem „habsburgischen" Geist des alten Kaiserreichs und der zeitgenössischen geopolitischen Situation. Es heißt jedenfalls aufzubrechen und Grenzen zu überschreiten,

> „und das ist in Ordnung und gerade recht für Zeiten, in denen man das Sein an der Bewegung erkennt, an der Verlagerung, an der Kinetik, daran, daß wir, wenn wir uns von Punkt A aufmachen, nicht unbedingt zu Punkt B gelangen müssen – ja, wir müssen nirgends hinkommen, es genügt, daß wir einen Kreis vollführen"[12].

Ganz wie Stasiuks Erzähler – ein Weltenbummler und Reiseabenteurer, der immer wieder nach Hause zurückkehrt, um sich im Schatten der ewigen Karpaten zu vergewissern, dass seine räumliche Verortung ein Teil der peripheren mitteleuropäischen Identität ist und sich im Wesentlichen von den besichtigten Ländern und Kulturen kaum unterscheidet. Die Rückkehr nach Südostpolen wird folgendermaßen geschildert:

> „Ich fuhr in die Landschaft vormoderner Materie, die Landschaft des Alterns und der fruchtlosen Bemühungen, der Hütten und Hüttchen, des bröckelnden Backsteins, verglimmenden Holzes, der heroischen Anstrengung des Überlebens, in dieses Vizebezirks- und Vizegemeinde-Polen mit seinen drei Bussen am Tag und seinem uralten Asphalt für alle Ewigkeit. Aber in diesem übernatürlichen Herbstlicht sah all das aus, als würde es gleich in den Himmel fliegen, als wäre es hier nur flüchtig zu Gast, wäre kurz vorbeigekommen wie ein Paradiesvogel und würde gleich zurückfliegen und verbrannte, tote Erde hinterlassen."[13]

2. *Idealisierte Geographie*: Stasiuks private Topographien

Am Beispiel des 2006 erschienenen Bandes *Fado* (dt. *Fado. Reiseskizzen*, 2008) möchte ich Stasiuks Gestus des Aufbruchs analysieren und fragen, ob der enthusiastische Verfechter der Aufwertung der vergessenen osteuropäischen Provinz mit seiner Poetik des Vagabundentums[14] wirklich ein Aufbruchs- oder gar Umbruchskünstler ist und ob seine Reflexionen und Meditationen *on the road* eine neue Qualität hervorbringen bzw. eine wichtige Stimme in der Diskussion um die Identitätssuche der osteuropäischen Länder unter den Verhältnissen des

---

12 Ebd., S. 145.
13 Ebd., S. 103–104.
14 Als mitteleuropäischer Vagabund und Chronist des Verfalls präsentiert sich Stasiuk auch in seinem Reisebuch *Unterwegs nach Babadag* – hier führen alle Wege in Richtung Osten und Süden, gleichwohl ist „reine Geografie" bzw. ein von Reflexionen befreiter Blick nicht möglich. Vgl. Andrzej Stasiuk: *Unterwegs nach Babadag*. Aus dem Polnischen von Renate Schmidgall. Frankfurt a. M. 2005.

Postkolonialismus bzw. der einbrechenden Globalisierung (und auf jeden Fall in der Phase der Transformation) darstellen.

Mit *Fado* liegt ein Prosaband vor, der sich einer deutlichen Gattungszuschreibung entzieht und somit eine für Stasiuk mittlerweile charakteristische Kreation von hybriden Textformen repräsentiert. Es handelt sich um einen ungezwungenen Redefluss ohne chronologische Handlung, dafür mit zahlreichen Reflexionen und Digressionen. Die „Reiseskizzen" gehen über das Paradigma der Reiseliteratur hinaus und zeigen den Einbruch essayistischer, reportagenhafter und feuilletonistischer Verfahren in die Prosa. Der Band ist nicht homogen und enthält gefühlvolle impressionistische Miniaturen und stark essayistische Texte, die das Aufbrechen von Genre- und Mediengrenzen demonstrieren und eine intermediale Spannung erzeugen. Die narrativen Kategorien sind in ihnen weitgehend problematisiert und man weiß nie, ob ein fiktiver Erzähler oder Andrzej Stasiuk am Wort ist. Für dieses originell von Stasiuk ausgearbeitete Genre könnte man die Bezeichnung *Tagebuch eines Weltenbummlers* vorschlagen.

In *Logbuch* findet sich die folgende Passage:

> „Ich will nicht ausschließen, daß dieses Im-Kreis-Gehen eine ungeschickte Huldigung ist, die wir der idealisierten Geographie darbringen. Denn von allen Dingen, die uns überragen, erträgt sie uns am längsten und mit einer Geduld, die vielleicht nicht überirdisch ist, aber ganz sicher selbstlos."[15]

Stasiuks Reiseskizzen, Reportagen, Essays, Reminiszenzen und Impressionen, die im Band *Fado* versammelt sind, beziehen sich auf konkrete Topographien, die mit individuellen Bedeutungen aufgeladen und zu Bezugsgrößen der eigenen Identität gemacht werden. Das subjektive Raumerleben offenbart zunächst keine machtpolitische Dimension, dafür ist es sehr stark von Fiktionen und Imaginationen geprägt.[16] Der Erzähler besitzt eine alte österreichisch-ungarische Karte: „Meine Karte [...], wie übrigens jede alte Karte, rettet die Welt und zeigt zugleich ihren Zerfall, ihre Vergänglichkeit. Wenn ich sie anschaue, blicke ich ins Nichts, und meine Phantasie will es um jeden Preis ausfüllen."[17]

---

15 Andrzej Stasiuk: *Logbuch* (Anm. 5), S. 145.
16 Man könnte Stasiuks Begriff der „idealisierten Geographie" (eine Strategie, mit der Bedeutungen auf Räume und Landschaften projiziert werden) mit der raumwissenschaftlich etablierten Analysekategorie der „imaginativen Geographie" in Verbindung bringen (vgl. Edward Said: Imaginative Geography and Its Representations. Orientalizing the Oriental. In: Edward Said: *Orientalism. Western Conceptions of the Orient.* London 1995, S. 49–73). In seiner wegweisenden Studie macht Said auf die kulturelle Konstruktion von binären Raumstrukturen – ein Verfahren mit machtpolitischen Implikationen – aufmerksam.
17 Andrzej Stasiuk: *Fado. Reiseskizzen.* Aus dem Polnischen von Renate Schmigdall. Frankfurt a. M. 2008, S. 38 (im Folgenden durch die Angabe von Seitenzahl im Text zitiert).

In der Tat lesen sich die kurzen Reisebeschreibungen als poetische Beschwörungen von Märchenländern, auch wenn in ihnen stets postindustrielle Verwüstungen, Schrott, Gerümpel und zerbrochene Existenzen herumgeistern und Spuren des Verfalls mit landschaftlich-bäuerlichen Idyllen verflochten sind. Das Rumänien der vergoldeten Decken und Simsen, der kaputten Toiletten, der Trauer und des Zerfalls wird als ein „Land der Wunder" (41) und Märchen erlebt, in dem sich Vergangenheit, Gegenwart und Zukunft gleichzeitig abspielen: „Zerfall und Wachstum gehen Arm in Arm spazieren" (41). Ein Bauer mit der Sense mitten in der Stadt – das erstaunt niemanden in diesem „Reich aus tausend und einer Nacht"(42), wo nichts offensichtlich ist. „Rumänien ist eine erfrischende Übung für den Geist, der an banale und offenkundige Lösungen gewöhnt ist." (43) Montenegro führt verschiedene Modernisierungsexperimente in die archaische Landschaft ein, und doch wird hier „noch die Blutrache praktiziert" (47). In Albanien – einem Land der häufigen Stromausfälle – traben die Schweine über den Bürgersteig und zwischen den Wohnhäusern und die herumsitzenden Frauen in dunklen Kleidern und mit den Händen im Schoß vermitteln den Eindruck, als wäre man ins Innere eines Gemäldes oder eines Theaterstücks geraten. „Pogradec war wie ein Märchen, eine Geschichte, in der ein Wunder geschieht und niemand darüber staunt." (52) In Albanien gibt es keine Straßen, man benutzt immer noch Lasttiere, die Bewohner versorgen sich weitgehend selbst und leben in archaischen Familien- und Clanstrukturen: ein „reizendes, altertümliches Stück Europa" (54), in dem es sehr stark auf die Naturkräfte ankommt. Aus solchen und ähnlichen Passagen besteht der mythisierte Reisebericht, der dem Mentalitäts- und Bezugsrahmen der („galizischen", pardon kleinpolnischen)[18] Ausgangskultur verhaftet bleibt und den Zielkulturen die Qualitäten des eigenen Lebensumfelds zuschreibt. Die Darstellungen von Reisen konstruieren bekanntlich generell „die Realität, die sie zu repräsentieren scheinen; das, was als getreue Beschreibung einer außersprachlichen Wirklichkeit erscheint, ist das Produkt historisch variabler, komplexer sprachlicher Verfahren"[19]. Doch Stasiuks Text inszeniert sich explizit als Verschränkung von Geographie und Poesie, als wollte er die allgemein akzeptierte kulturelle Raumkonstruktion (beispielsweise die Dichotomie *Zentrum – Peripherie*) in Frage stellen und ihr eine regionaltopographische Alternative entgegenbringen, wodurch sich seine Position als antimo-

---

18 Vgl. „Galizien (pardon, das östliche Kleinpolen)". Andrzej Stasiuk: *Logbuch* (Anm. 5), S. 81.
19 Hans Erich Bödeker/ Arnd Bauerkämper/ Bernhard Struck: Einleitung: Reisen als kulturelle Praxis. In: Arndt Bauerkämper/ Hans Erich Bödeker/ Bernhard Struck (Hg.): *Die Welt erfahren. Reisen als kulturelle Begegnung von 1780 bis heute*. Frankfurt a. M./ N. York 2004, S. 9–30, hier: S. 24.

dern, gegen den industriellen Zentralismus und die Metropolenkultur gerichtet, kennzeichnen lässt.[20]

Der in *Fado* dominierende Restaurationsgestus läuft darauf hinaus, die europäische Provinz vor den drohenden Globalisierungsprozessen in einem idealisierten geographischen Raum und einer regionalen kollektiven Identität zu retten, d. h.

> „bestimmte Werte und Grenzen als unverrückbar erscheinen zu lassen [...], sie als ‚Natur', objektiv, unverfügbar und unzugänglich darzustellen, um sie damit persönlicher Entscheidbarkeit und politischer Veränderbarkeit zu entziehen"[21].

Ein Paradebeispiel für einen solchen regionalistischen Gegendiskurs, der Soziales und Kulturelles mit den geographisch-meteorologischen Gegebenheiten verknüpft und auf Natur projiziert, ist Stasiuks Konstruktion des Karpatenraums, den er als einen Staat oder einen Kontinent imaginiert: „In den Karpaten leben heißt, in der Einsamkeit leben und zugleich mit dem Gefühl einer fernen Gemeinschaft." (61) Der hier evozierte Chronotopos impliziert eine folkloristisch geprägte Zeit, die dem jahreszeitlichen Rhythmus des bäuerlichen Lebens unterworfen ist, und die Topographie der Heimat, in der Generationen von Menschen die immer gleichen Erfahrungen machen. Weiter Raum und alte Zeit gehen eine übernationale Verbindung ein, die einen unveränderbaren Menschenschlag hervorgebracht habe, nämlich den Schafhirten, der überall in den Karpaten ein archaisches Leben führt, Schafe züchtet und mit alten Methoden und primitiven Werkzeugen Käse herstellt, wobei das Tierische – wie in ganz Südosteuropa – mitten in das Menschliche eindringt und eine alles überdauernde natürliche Symbiose etabliert. „Eigentlich sollte es etwas wie eine Karpaten-Nationalität oder ein Karpaten-Staatsbürgertum geben." (64)

Stasiuks Konzeptualisierung des regionalen Kulturraumes, die den die kollektive Wahrnehmung von Mitteleuropa organisierenden Narrationen und Ideologien, auch den Integrationshoffnungen und dem enthusiastischen Europaeifer zuwiderläuft, schließt eine tiefe Trauer und Melancholie ein, in der Sprache des Autors: eine „Lyrik des Verlustes" (13). Diese Grundstimmung wird durch den

---

20 Die Modernisierungsstrategien folgen – räumlich gesehen – überwiegend diesem Zentrum-Peripherie-Modell. Sie installieren damit „entsprechende Konnotationsketten" wie „Urbanität/Provinzialität, fortschrittlich/rückständig, Mitte/Rand, Macht/machtlos, bedeutsam/unbedeutsam usw." Vgl. Wilhelm Amann: Regionalität in den Kulturwissenschaften. In: Wilhelm Amann/ Georg Mein/ Rolf Parr (Hg.): *Periphere Zentren oder zentrale Peripherien? Kulturen und Regionen Europas zwischen Globalisierung und Regionalität.* Heidelberg 2008, S. 13–30, hier: S. 16.

21 Jürgen Staub: Identität. In: Friedrich Jaeger/ Burckhard Liebsch (Hg.): *Handbuch der Kulturwissenschaften.* Bd. 1: Grundlagen und Schlüsselbegriffe. Stuttgart/ Weimar 2004, S. 277–301, hier: S. 293.

Titel des Bandes evoziert, der ganz bestimmte topographische und kulturelle Erwartungen weckt, die im Akt der Lektüre zunächst keine Bestätigung erfahren (Stasiuks Reiselust hat ihn bis jetzt nicht nach Portugal geführt). Während der Fahrt durch Albanien hört der Erzähler eine Frauenstimme im Radio, die einen portugiesischen Fado singt. Sofort stellt sich eine Analogie zwischen der Melancholie der Musik und der Trauer der Stadt Pogradec ein. Fado bedeutet Schicksal, Fatum, Verhängnis und wird als Musikstil mit dem nostalgischen Gefühl, etwas Geliebtes verloren zu haben, assoziiert. Die in den in Lissabon und Coimbra beheimateten Fado-Liedern anklingenden Töne von Wehmut und sanfter Melancholie deuten an, dass die Sehnsucht nach dem Verlorenen nicht gestillt werden kann. Die Vertonung eines einzigartigen Gefühls, wie es die spezifisch portugiesische Variante des Weltschmerzes (die Saudade)[22] darstellt, provoziert Stasiuk nicht nur zu einer spontanen Übertragung des Fado-Konzepts auf Ost- und Mitteleuropa, sondern auch zu einem waghalsigen Vergleich:

> „Portugal, dachte ich, hat in gewisser Weise Ähnlichkeit mit Albanien. Auch Portugal liegt am Rande des Festlands, am Rande des Kontinents und am Ende der Welt. Beide Länder bestreiten ihre etwas unwirkliche Existenz abseits vom Hauptstrom der geschichtlichen Ereignisse." (48)

Und so avanciert Portugal mit seinem „vergangenen Ruhm" vielleicht doch zu einem Teil von Stasiuks ästhetischem Konstrukt „mein Europa" – von den Zentren und Metropolen entfernt, das „schlechtere Europa", aber schöner.

Die Fado-Stimmung des Erzählers in Mittel- und Osteuropa soll aber vor allem die schon erwähnte „Lyrik des Verlustes" zum Ausdruck bringen, die eine notwendige Konsequenz des permanenten Sich-Erinnerns ist („der ständige Aufbruch nach hinten" (13), der das *on the road* auf slawisch mit konstituiert) und überall eine „endlose, ewige Einsamkeit und Verlassenheit" diagnostizieren lässt: „Postgroßmährische Einsamkeit, postjagellonische, post-österreichisch-ungarische, postjugoslawische, post-volksdemokratische Einsamkeit." (31) Die in *Fado* inszenierte nostalgische Fluchtbewegung kreist in immer wieder beschworenen Traumräumen und Traumzeiten, vor allem der Donaumonarchie mit ihrem polnischen Teil *Galizien*, dessen Bewohner sich als „überzeugte" Untertanen des Kaisers Franz Joseph erlebt hätten.[23] In Stasiuks Texten finden sich

---

22 Vgl. Eduardo Lourenço: *Die Mythologie der Saudade*. Frankfurt a. M. 2001. Eine interessante Dekonstruktion des Mythos Saudade findet sich in Enzensbergers Reiseessay *Portugiesische Grübeleien* aus dem Band *Ach Europa!* Hans Magnus Enzensberger: *Ach Europa! Wahrnehmungen aus sieben Ländern.* Frankfurt a. M. 1989 (vgl. *Seelenforschung*, S. 220–224).

23 Ende des 18. Jahrhunderts teilten die Nachbarmächte Russland, Preußen und Österreich den polnischen Staat schrittweise unter sich auf, so dass auf der Karte Europas für über 120 Jahre kein eigenständiger polnischer Nationalstaat mehr existierte. Galizien gilt als Bezeichnung für das Gebiet, das bei der Ersten Teilung Polens zu Österreich gekommen war.

einige Sympathiebekundungen für den Kaiser Franz Joseph als Inkarnation einer „schwerfälligen", langsamen und fehlerhaften Entwicklung, die besser ist als jede Revolution (die Würdigung des Kaisers manifestiert sich jährlich in einem nostalgischen Besäufnis). Das verlorene Vergangene scheint in der Optik des Erzählers die gegenwärtige unsichere und unbeständige Existenz Mitteleuropas zu bestätigen und zu legitimieren (vgl. 31). Die Spuren der Vergangenheit (beispielsweise soldatische Friedhöfe aus dem Ersten Weltkrieg), alte Münzen, Geldscheine und Karten (auch die gegenwärtigen, weil sie bald verschwinden) sind wichtige Manifestationsformen des im sanften Untergang befindlichen Ostens, der den Erzähler zum Schwärmen bringt. Es gilt, die vergessenen Orte, das Verschwindende in einem nostalgischen Gestus einzufangen, denn: „Wer braucht den Kosovo? Oder Mazedonien? Kleine, vergessene Länder, die für die einen Probleme darstellen, für die anderen Beute." (49) Vielleicht verschwinden die Länder der Region in ihrer geistigen und kulturellen Spezifik zugunsten der europäischen Gemeinschaft in der hier nicht unbedingt gewünschten Variante.

> „Chaos, Unordnung, Verantwortungslosigkeit, Sorglosigkeit sollen verschwinden, die perverse Liebe zu der verfluchten Geschichte soll sich verflüchtigen, die Neigung zum Fabulieren, der Hang zum Phantasieren sollen sterben, und die Liebe zur Fiktion wird durch den Glauben an eine ein für allemal gegebene Wirklichkeit ersetzt." (70)

Die alles niederwalzende Modernisierungswelle macht nicht einmal vor ideellen Werten und mentalen Dispositionen Halt. „Was bleibt, sind Fiat, Coca-Cola, Microsoft, Nike und Johnny Walker." (92)

3. *Gut möglich, daß ich Zigeuner bin*: **Das Eigene und das Fremde**

Objekt einer besonderen Faszination von Andrzej Stasiuk sind die in der Slowakei, in Ungarn und Rumänien lebenden Roma, die er in seinen Reisebüchern in romantisch-poetischer Manier als Märchenfiguren einführt, als Personifizierung von Freiheit, Natürlichkeit, Ungebundenheit und einer nomadischen Kondition – das letztere dem Umstand zum Trotz, dass diese ethnische Gruppe seit Jahrhunderten (und spätestens seit dem 19. Jahrhundert) in Süd- und Osteuropa eine sesshafte Lebensweise führt und nur immer wieder in die Peripherie – in identitätslose, kulturlose Ghettos mitten in unserer konsumorientierten Zivilisationsgesellschaft verdrängt wird. Stasiuks Erzähler verwendet ausschließlich die politisch unkorrekte, negativ gefärbte Fremdbezeichnung „Zigeuner"[24], die wegen

---

24 Die polnischen Bezeichnungen *Cygan* (Zigeuner), *Żyd* (Jude) und *Murzyn* (Neger) sind deutlich negativ konnotiert oder werden (wie das sonst eigentlich neutrale Wort *Żyd*) als beleidigende Attribute gebraucht – in ihnen kumuliert sich Fremdenhass. Stasiuk benutzt mit einer

stigmatisierender und rassistischer Konnotationen durch die ethnische Gruppe der Roma und Sinti konsequent abgelehnt und im öffentlichen Diskurs kaum oder in Verbindung mit abwertenden Intentionen vorkommt.[25] In *Logbuch* erscheinen die ungarischen Roma mit ihren braunen Gesichtern als erinnerungswürdig, weil „sie aus längst vergangenen Zeiten heraufschauen und aus einer Entfernung, von der der Europäer nicht einmal zu träumen wagt" – aus diesen Gründen hätten sie immer Angst und Faszination erweckt.[26] Sie tauchen überall auf und der Erzähler glaubt sogar, dass sein Europa mit den Orten bedeckt ist, „an denen sie sichtbar werden, wo sie sich noch nicht den Gesetzen der Mimikry oder auch Assimilation, je nachdem, unterworfen haben [...]"[27]. Es fehlt nicht an direkten politisch anmutenden Parteinahmen für die marginalisierte, ja diskriminierte Minderheit, doch meist mit einer mythologisierenden Begründung versehen: „Ja. Ich war für die Zigeuner. Ich ergriff für sie Partei. Sie lebten außerhalb der Geschichte, in der reinen Zeit, im reinen Raum. Wenn sie an Ereignissen teilnahmen, dann im allgemeinen an fremden."[28] In *Fado* werden den in Rumänien lebenden Roma zum Teil die bekannten, in Stereotypen ausgeprägten Eigenschaften zugeschrieben: „dunkelhäutig, abgerissen, bunt" (17), unstet und ungebunden, umgeben mit aus der Sicht des Erzählers und seiner Lebensgemeinschaft unbrauchbaren, wertlosen Gegenständen, wohnend in unordentlichen, zerbrechlichen, provisorischen Häusern:

> „Das Chaos der Höfe, die Bruchbuden: lebendige, geballte Substanz scheinbar toter und unbrauchbarer Dinge bedeckte die Erde wie eine postindustrielle Pflanzenwelt. Es konnte genauso gut der Tag sein, an dem sie erschienen waren, wie der, an dem sie aufbrechen wollten." (22)

In der Slowakei nimmt sich die in einer Mondlandschaft des verwahrlosten postkommunistischen Industriegebiets eingerichtete „Zigeunersiedlung" wie ein „Wunder an Improvisation" aus: „Ihre Buden und Hütten sehen aus, als könnte

---

erstaunlichen Bedenkenlosigkeit auch das Wort *Neger*. Vgl. Andrzej Stasiuk: *Dojczland* (Anm. 2), S. 19.

25 Bogusław Gryszkiewicz macht darauf aufmerksam, dass Stasiuks rhetorische und ästhetische Strategie der Mythologisierung und Romantisierung der „Zigeuner" einen „Effekt des Stereotyps" generiert. Vgl. Bogusław Gryszkiewicz: Literatura, stereotypy i Cyganie Andrzeja Stasiuka. In: Piotr Borek (Hg.): *Romowie w Polsce i Europie*. Kraków 2007, S. 80–98. Ähnlich wie in *Fado* werden die Roma in *Unterwegs nach Babadag* charakterisiert: ohne Gedächtnis und Geschichte, in einem provisorischen Lager lebend, mit einem geradezu kindlichen Bewusstsein.
26 Andrzej Stasiuk: *Logbuch* (Anm. 5), S. 133. Vgl. dazu: Rüdiger Vossen u. a. (Hg.): *Zigeuner. Roma, Sinti, Gitanos, Gypsis. Zwischen Verfolgung und Romantisierung. Katalog zur Ausstellung im Hamburgischen Museum für Völkerkunde*. Frankfurt 1987.
27 Andrzej Stasiuk: *Logbuch* (Anm. 5), S. 133.
28 Ebd., S. 135.

sie jeden Moment der Wind fortwehen oder der Regen wegspülen." (58) Es sind Menschen, die nichts besitzen, die überflüssig scheinen, die keine Arbeit und keine Entwicklungsmöglichkeiten haben, aber auch keinen eigenen Staat, keine Schrift. Und doch dauern sie in ihrer „ahistorischen Existenz" fort, werden möglicherweise bald in der Slowakei in der Mehrheit sein und damit „wird Polen die Chance haben, im Süden an den ersten Zigeunerstaat in der Geschichte zu grenzen" (60). Stasiuks Roma nehmen sich alles, was sie brauchen, auch fremdes Eigentum, sie sind gegen fremde Einflüsse resistent und „haben den drohenden Untergang und die Versuchung der Assimilation überstanden" (73). „Ein paar Gadgets, ein bißchen Zivilisationsmüll haben sie von uns übernommen, aber sie hatten wohl nie Lust darauf, am ‚europäischen Kulturerbe' teilzunehmen." (73) Diese Gleichgültigkeit gegenüber den europäischen Errungenschaften, Institutionen und Organisationsformen (als wären sie nicht im Geringsten nachahmenswert) wird als faszinierend dargestellt. Der 2010 verstorbene Roma-Lyriker Ilija Jovanovič sieht das Schicksal seines Volkes völlig anders und charakterisiert die stete Bereitschaft zum Aufbruch und die provisorische Lebenseinrichtung der Roma nicht als eine romantische Kondition oder eine Liebe zu Wanderschaft, sondern als erzwungene Heimatlosigkeit des herumgetriebenen Volkes, das nirgendwo willkommen ist (oder nur für eine begrenzte Zeit) und als Außenseiter in geschlossenen Siedlungsräumen akzeptiert wird.[29]

Das ungezähmt Andere des verklärten „Zigeunervolks" provoziert zu einer Identifikationsdeklaration: „Gut möglich, daß ich Zigeuner bin."[30] Und in einer in der deutschen *Fado*-Übersetzung mysteriöserweise ausgelassenen Passage wird eine „interessante und anziehende" Metapher durchgespielt und suggeriert, dass die Bewohner des Ostmitteleuropas wie die historisch orientalisierten „Zigeuner" anmuten.

Die Polen als „Zigeuner Europas"? In dem nicht übersetzten Fragment ist weiterhin zu lesen:

> „Nichtsdestotrotz fällt es uns schwer, Europa als Ganzes, als Heimat, als Erbe zu akzeptieren. Wir sind in ihm fremd, wir kommen von außen, von Ländern, von denen Europa nur blasse Ahnung hat und die es mehr als Bedrohung und weniger als einen Teil von sich selbst betrachtet. [...] Wir konnten euch bei eurem Wachsen und Blühen nicht begleiten, dafür werden wir euren Untergang nachäffen."[31]

Die Roma werden letztendlich als Inkarnation des Fremden schlechthin wahrgenommen und als Bezugspunkt für die Definition der eigenen Identität funktiona-

---

29 Vgl. den Gedichtband *Bündel/Budzo* (2000) und die unveröffentlichten Gedichte http://a-e-m-gmbh.com/wessely/filija.htm, zu denen Elfriede Jelinek einen Essay geschrieben hat. Vgl. *Die Fahrenden, flüchtig (zu den Gedichten Ilija Jovanovičs)* (2010), ebenda.
30 Andrzej Stasiuk: *Logbuch* (Anm. 5), S. 127.
31 Andrzej Stasiuk: *Fado*. Wołowiec 2006, S. 81 (Zitat in meiner Übersetzung).

lisiert. Stasiuk konstruiert eine Dichotomie von kultureller Unterlegenheit und Überlegenheit, um sich das selbst entworfene „Andere" einzuverleiben.

Der sich willkürlich zuerkannte Status des Fremden scheint den Ich-Erzähler dazu zu berechtigen, die Welt „in Form einer gigantischen, ein wenig halluzinatorischen Dekoration zu erleben"[32] und gegen die modernen Entankerungsstrategien zu polemisieren – eben von der Position des „orientalisierten" Anderen aus. Doch die Attitüde der malerisch-ethnographischen Beschreibung verrät – trotz manchen ironischen Einschüben – stellenweise Spuren eines kolonialen Blicks.[33] Der phantasiebegabte Landvermesser versucht zwar, viele Namen von winzigen Ortschaften, die vielleicht auf keiner Karte zu finden sind, in ihrer Aura der romantischen Schäbigkeit dem Vergessen zu entreißen, doch sieht er – wie Inga Iwasiów zu Recht bemerkt – allzu oft von den in den Regionen „östlich des Westens" lebenden Menschen mit ihren Problemen und Zukunftsängsten ab: Nicht die verwahrlosten Friedhöfe und die toten Winkel oder die in epiphanischen Augen-Blicken erlebten, zu „Wunderdingen" (P. Handke) zusammenrückenden Überbleibsel der mitteleuropäischen Alltagskultur, nicht die malerischen, zum Teil unberührten Naturreservate machen die „Essenz" der Region aus, sondern „die nicht gestellten, die verworfenen, die ignorierten Fragen nach dem Schicksal der dort lebenden Menschen"[34]. Die „Ästhetisierung der Hoffnungslosigkeit" (I. Iwasiów) bzw. die imaginative (literarische) Ausbeutung des Konzepts *Verwahrlosung und Verfall*[35] erinnert ein wenig an die Attitüde eines Kolonisators, der „die Seele sattmacht und heimkehrt"[36]. Allerdings beinhaltet die literarische Narrativierung fremder Räume „immer schon eine kreative Transformation bzw. Umfunktionalisierung im Dienst der individuellen und kulturellen Selbststilisierung, aus der Hegemonialansprüche abgeleitet werden können"[37].

---

32   Magdalena Roszczynialska: Nostalgia. Motywy cygańskie w twórczości Andrzeja Stasiuka. In: Piotr Borek (Hg.): *Romowie w Polsce i Europie*. Kraków 2007, S. 99–108, hier: S. 103.
33   Vgl. den Titel *Logbuch,* der von kolonialen Konnotationen nicht frei ist.
34   Inga Iwasiów: Mozół postindustrialu. In: Nowe książki 9 (2004), S. 52.
35   Im Unterschied zum europäischen Osten sei der Westen imaginativ total ausgebeutet: „Was kann man über New York oder Kalifornien denken, da diese Orte ja schon von allen möglichen Gedanken berührt worden sind?" (26)
36   Inga Iwasiów: Mozół postindustrialu (Anm. 34).
37   Birgit Neumann: Imaginative Geographien in kolonialer und postkolonialer Literatur: Raumkonzepte der (Post-)Kolonialismusforschung. In: Wolfgang Hallet; Birgit Naumann (Hg.): *Raum und Bewegung in der Literatur. Die Literaturwissenschaften und der Spatial Turn.* Bielefeld 2009, S. 115–138, hier: S. 120.

4. *Wem soll das was nützen?* Ein Fazit

Im *Logbuch* formuliert Stasiuk eine Frage, die sich dem Leser seiner Reiseskizzen *Fado* ohnehin aufdrängt:

> „Ich weiß nicht, was diese doch recht banalen Feststellungen, diese beharrliche Suche nach nicht einmal offensichtlichen Ähnlichkeiten, diese schwankende Konstruktion der Geographie, des Vorgefühls und mißglückten Diskurses eigentlich bringen sollen. Wem soll das was nützen?"[38]

Zugegeben: Stasiuks „schwankende" Konstruktion des gemeinsamen mitteleuropäischen Raums besticht durch ästhetische Anziehungskraft und ist angereichert mit diversen Gedanken und Fragen, die möglicherweise wichtige Impulse für eine kritische Hinterfragung des enthusiastisch gefeierten und als alternativlos diskutierten Projekts der EU-Erweiterung[39] geben, besonders im Gegenwartshorizont der Debatte – im Kontext der ökonomischen und sozialen Krisenerscheinungen. Die krasse Gegenüberstellung des steril-erstarrten Westens und des wilden Ostens sowie die Glorifizierung des letzteren haben Andrzej Stasiuk als einem Apologeten der unbekannten Europateile[40] internationalen Ruhm eingebracht. Von der Position eines kulturkritischen Anti-Urbanismus und regionalen Determinismus[41] versucht er, die räumliche Hierarchie *Metropole vs. Provinz* zu unterminieren und antiglobalistisch, auch recht europaskeptisch gegen die wirtschaftlichen, politischen und kulturellen Homogenisierungsszenarien zu argumentieren:

> „Vielleicht ist ja nichts anderes für uns attraktiv? Nichts außer ordentlichen Kleidern, sauberen Straßen, außer der Tatsache, daß die Einnahmen die Ausgaben übersteigen müssen? Und außer einer unendlichen Menge an Methoden, die Langeweile totzuschlagen, wenn sie uns schließlich zuteil werden wird? Sollten unsere Wünsche sich etwa auf die Soteriologie ausgeglichener Bruttosozialprodukte von Kiew bis Lissabon beschränken? Sollte unsere Einheit so leer und bar jeden Inhalts sein, daß der freie Austausch von Waren, Dienstleistungen und Kapital sie restlos auszufüllen vermag? All das scheint von Geburt an todgeweiht. Gibt es

---

38 Andrzej Stasiuk: *Logbuch* (Anm. 5), S. 121.
39 Vgl. die Ausführungen von H. M. Enzensberger im Essay *Sanftes Monster Brüssel*, insbesondere die Reflexionen über den Homogenisierungsdrang und über das „Unwort des Jahres 2010" *alternativlos*. Hans Magnus Enzensberger: *Sanftes Monster Brüssel oder Die Entmündigung Europas*. Berlin 2011 (besonders S. 16–22 und S. 49).
40 Es handelt sich um die ganze Region, kleine unbedeutende Staaten, Dörfer und kleine Ortschaften, Gebirge und Flüsse etc., aber auch literarische Reminiszenzen (Stasiuk erwähnt u. a. Adam Bodor, Miodrag Bulatović, Danilo Kiš).
41 In der Forschung begegnet man sogar der Bezeichnung des „aggressiven Lokalismus". Vgl. Alfrun Kliems: Aggressiver Lokalismus: Undergroundästhetik, Antiurbanismus und Regionsbehauptung bei Andrzej Stasiuk und Jurij Andruchovyč. In: *Zeitschrift für Slawistik* 2 (2011), S. 197–213.

wirklich jemanden, der sich darüber freuen kann? Wir sollen wie ihr werden, aber wollt ihr denn wie wir sein? Ich bezweifle es." (66)

Folgerichtig ist der europäische Osten – in Stasiuks Optik – dazu verurteilt, zum Spiegelbild und zur Karikatur des Westens zu werden, die westlichen „Gesten, Siege und Fehler" zu wiederholen, ohne dass ihm das Recht auf eigene Errungenschaften und Niederlagen zugesprochen wird. Dieser Weg – der zivilisatorische und kulturelle Aufbruch in Richtung Westen – würde früher oder später in jene Aporie münden, in der sich die auf Pluralisierung der Lebensweisen ausgerichtete westliche demokratische Kultur heute befindet. Das alte Europa habe nämlich das Gebiet der Freiheit „ins Unendliche ausgedehnt" und ist in den Widerspruch geraten,

> „der darin besteht, daß es von einem Mangel an Beschränkungen beschränkt wird. [...] Freiheit ist zur Ware geworden, deren Verfügbarkeit paradoxerweise die Gesellschaft im Zaum hält. Sie zu verlieren, scheint so bedrohlich, daß man lieber ihren Zwang erträgt." (67)[42]

Auch wenn Stasiuks Gegenüberstellungen manchmal recht holzschnitthaft ausfallen (z. B. der europäische Osten will Geld vom Westen, der Westen führt leere Debatten und will nichts vom Osten), provozieren seine „erzählerischen Meditationen"[43] zu Fragestellungen nach dem Status und den Entwicklungschancen der Länder des ehemaligen Ostblocks. Allerdings wäre bei einer Debatte über das *slawische on the road* nach der Wende doch eine mehr differenzierende Perspektive erwünscht. Wenn wirklich nach der historischen Auflösung von Machthegemonien von einer mitteleuropäischen Kultur die Rede sein kann, dann ist sie historisch variabel, inkohärent und von schillerndem Reichtum, auch voller politischer und ethnischer Konflikte, die nicht unbedingt eine stabile Identitätsbildung erlauben. Bei Stasiuk hingegen mündet die ethnische, kulturelle, politische und historische Vielfalt der Region in die unifizierende Konklusion, es sei überall dasselbe und die ostmitteleuropäischen Länder mit ihrer „slawischen" Spezifik (etwa der Geringschätzung des Verstands und der Hochschätzung von Emotionen (vgl. 67) oder der Geringschätzung der Gegenwart und der Hochschätzung der (imaginativen, heroischen) Vergangenheit) können sich bestenfalls vom Westen nehmen, was sie brauchen (der „Hauptbestandteil des Angebots" (89) sind allerdings Müll und Abfall). „Der Osten [...] nimmt sich von euch nur das, was er braucht. Er nimmt sich Schein, Maske, Kostüm, mit deren Hilfe er euch nachahmen kann." (68) Sta-

---

42 Diese voluntaristische Falle wird mehrmals thematisiert, beispielsweise in der folgenden Passage: „Man kann sich Persönlichkeit, Temperament und Weltanschauung aussuchen, wie man sich den Wohnort aussucht. Die Freiheit der Wahl ist etwas Alltägliches geworden. Man wechselt die Persönlichkeit wie die Haarfarbe." (89) Im Osten hingegen hat man keine Freiheit der Wahl.

43 Die Formulierung stammt aus Suhrkamps Werbetext.

siuks „schwankender Konstruktion der Geographie" eignet eine auffällige Tendenz zur Darstellung des europäischen Raumes in binären Oppositionen mit der gleichzeitigen Privilegierung der eigenen Kultur. Der *Fado*-Erzähler positioniert sich selbst im „Osten", der am entgegengesetzten Pol zum „Westen" platziert ist, und das bedeutet, der westlichen Modernität die östliche Tradition vorzuziehen, als wären keine Zwischendiskurse und Kompromisse, keine hybriden kulturellen Formen und Zwischenräume als Orte des Aushandelns von Differenzen möglich. Der romantische Konservatismus, der in Polen eine lange Tradition hat, kommt hier wieder zu Wort und bietet eine suggestive geopoetisch fundierte Aufwertung der Konstruktion der eigenen Kultur (nicht der polnischen, sondern der mitteleuropäischen, mit slawischen oder sarmatischen Rudimenten), eine Aufwertung des „schlechteren" Europa, das schön genug ist und es verdient, ohne Modifikationen akzeptiert zu werden. Im Angesicht der als Nomaden verklärten „Zigeuner" sieht sich der immer wieder heimkehrende Erzähler auf der Seite des „sesshaften" (westlichen?) *Wir*, doch als „Zigeuner" Europas natürlich auf der Seite des ostmitteleuropäischen, subalternen *Wir*, das zum westlichen *Ihr* (als einem „metropolitanen" Zentrum) in Opposition steht und die „bessere" Kultur höchstens kopieren kann.

Die Parodie als Überlebensmethode, misslungene Kopie des Westens, Identitätsverlust, sanfter, schmerzloser Untergang – so klingt Stasiuks mittelosteuropäischer Fado, seine wehmütige Schicksalsmusik, die ihn als einen „Apokalyptiker der Gegenwart"[44] ausweist. Diese Loblieder auf den Verfall mögen einen eigenartigen Reiz haben und mit stimmungsvollen Bildern der Abgeklärtheit, einer besonnenen Ruhe und Bedachtsamkeit, einer Detailliebe und Naturverbundenheit und nicht zuletzt mit stilistischer Brillanz verführen. Doch dass sie einen entscheidenden Umbruch[45] im Sinne von neuen Wahrnehmungsmustern und Sensibilitäten kreieren, möchte ich in Zweifel ziehen. Vielmehr lässt sich *Fado* als Auseinandersetzung mit europäischen Vereinigungsmythen und suspekten zukunftsfrohen Utopien lesen, denen bedauerlicherweise nicht ein (m. E. erst herauszuarbeitendes) utopisches Potential der Region entgegengesetzt wird, sondern eine irritierende Essentialisierung der Differenz, eine Abstraktion von Zeit und Ignoranz der Geschichte gegenüber sowie eine geopoetische Verklärung des

---

44 Przemysław Czapliński: Fado. Stasiuk, Andrzej. http://wyborcza.pl/1,75517,3674776.html?as=1&startsz=x (7.10.2011, 17.00 Uhr)

45 Mit einer Gruppe von polnischen Schriftstellern des Neuanfangs nach der Wende trug Stasiuk zu einem entscheidenden Umbruch in der polnischen Literatur bei, nämlich einer Abkehr von der Rolle der Literatur als Vermittlerin nationaler Wertvorstellungen, die eng verbunden waren mit großen historischen Ereignissen. Literarisches Profil gewinnen nun vergessene Landschaften, unbedeutende Orte und individuelle Schicksale (oft mit Rekursen auf Biographien von Autoren). Hauptträger dieser Tendenz, die sich u .a. in der Ästhetisierung und Mythisierung der Provinz offenbart, sind neben Stasiuk: Stefan Chwin, Paweł Huelle, Anna Bolecka, Jerzy Pilch und Olga Tokarczuk.

Europateils, der von der „Geopolitik", also der Vernichtungs- und Vertreibungspolitik des NS-Regimes am stärksten betroffen war. Und eine knappe Diagnose über die postkoloniale Kondition[46] der osteuropäischen Gesellschaften: „Wir hier glauben nicht allzu sehr an uns und an die Zukunft." (67)

---

46 In ihrer Studie *Das unheimliche Slawentum*, die als Pionierarbeit der polnischen *postcolonial studies* gilt, charakterisiert Maria Janion die polnische postkoloniale Mentalität folgendermaßen: „Ihre Manifestation ist das Gefühl der Hilflosigkeit und der Niederlage, der Minderwertigkeit und der Marginalität des Landes und seiner Narrationen. Dieses allgemein verbreitete Gefühl der Minderwertigkeit gegenüber dem ‚Westen' geht einher mit dem geradezu messianischen Stolz, der in der Erzählung von unseren unglaublichen Leiden und unseren Verdiensten, von unserer Größe und Überlegenheit gegenüber dem ‚unmoralischen' Westen und von unserer Mission im Osten zum Ausdruck kommt. Eine solche Narration ist ein geschlossener Kreis von Subalternität und Hegemonialität, der sich in eine nationale Figur der totalen Hilflosigkeit und des ewigen Changierens zwischen dem ‚europäischen Schein' (der vielleicht gar kein Schein ist) und der ‚polnischen Wahrheit' (die nicht unbedingt absolut ist), verwandelt." Maria Janion: *Niesamowita słowiańszczyzna. Fantazmaty literatury*. Kraków 2006, S. 12. Bei Stasiuk fehlt die Reflexion über die Zeitgeschichte als Verarbeitungsphase des nachwirkenden Kolonialismus vollkommen.

Spuren-Suche
Medea als deutsch-jüdische Erinnerungsfigur vor und nach 1945[1]

Inge Stephan

Einleitung

Medea rührt an die dunklen, tabuisierten Seiten des Eros und der Mutterliebe und an die zerstörerischen Impulse, die im Verlauf des Zivilisationsprozesses nur mühsam humanitär oder religiös übertüncht worden sind. Medea ist aber nicht nur eine Figur der exzessiven Rache, deren Opfer sie am Ende selbst wird. Sie ist eine tragische Heroine, die Altern und Vergänglichkeit am eigenen Leib erfährt, und zugleich eine Figur, die über die Rolle der Frau und das Verhältnis der Geschlechter mit großem Scharfsinn nachdenkt und den anderen Mitspielern rhetorisch haushoch überlegen ist.[2]

Im 20. Jahrhundert wird sie zu einer zentralen Projektionsfläche in den Debatten über Ethnizität und Rassismus, die bei Franz Grillparzer in der exzessiven Hell-Dunkel-Metaphorik keimhaft angelegt sind und von Hans Henny Jahnn programmatisch 1924 aufgegriffen werden, wenn er das „schwarze Innere" Medeas, von dem Friedrich Maximilian Klinger in seiner *Medea in Korinth* (1786) gesprochen hatte,[3] expressiv nach außen wendet und Medea als Schwarze auf die Bühne bringt. Jahnns Medea ist dabei eine zutiefst ambivalent gezeichnete Figur. Als säkularisierte und zugleich sexualisierte ‚schwarze Madonna' ist sie in die Rassendiskurse des frühen 20. Jahrhunderts stärker eingebunden als dies die Aussagen von Jahnn vermuten lassen, der seine Hoffnung, wie wir wissen, auf den ‚Bastard' setzte. Es spricht viel dafür, seine Medea als eine ‚Deckfigur' zu verstehen, in die sich der antisemitische Diskurs der Weimarer Republik – vielleicht hinter dem Rücken des Autors – eingeschrieben hat.[4] Sander Gilman

---

1 Der vorliegende Aufsatz ist auch in folgendem Band enthalten: *Auf den Spuren der Schrift. Israelische Perspektiven einer internationalen Germanistik.* Hg. v. C. Kohlross u. H. Mittelmann. Berlin und Boston 2011, S. 107–122.
2 Vgl. Inge Stephan: *Medea. Multimediale Karriere einer mythologischen Figur*, Köln, Weimar, Wien 2006.
3 Friedrich Maximilian Klinger: *Medea in Korinth und Medea auf dem Kaukasus*, St. Petersburg, Leipzig 1791, S. 55.
4 Kai Stalmann: *Geschlecht und Macht. Maskuline Identität und künstlerischer Anspruch im Werk Hans Henny Jahnns,* Köln, Weimar, Wien 1998, S. 165-191.

hat darauf aufmerksam gemacht, dass es in den Rassendiskursen Anfang des 20. Jahrhunderts Überschneidungen gegeben hat. Er hat in diesem Zusammenhang einen Brief von Kafka an Milena Jesenská zitiert, wo es heißt: „Natürlich, daran ist kein Zweifel, zwischen deinem Mann und mir ist vor deinem Vater gar kein Unterschied, für einen Europäer haben wir beide das gleiche Negergesicht."[5]

Sicherlich ist es überspitzt, Jahnns Medea als Jüdin zu interpretieren, sie ist jedoch eine hybride Figur, in der sich Afrikanisches und Jüdisches in merkwürdiger Weise mischen. Sie steht am Anfang einer Traditionslinie, in der ‚Rasse' und ‚Geschlecht' das Koordinatennetz bilden, in dem der Neuentwurf der Figur stattfindet. Bei Max Zweig[6] ist Medea eine Afrikanerin, bei Jean Anouilh[7] eine Zigeunerin, bei Robinson Jeffers[8] eine Orientalin und bei Mattias Braun[9] eine Asiatin. Die jüdischen Medeen von Bertolt Brecht, Gertrud Kolmar, Paul Celan und George Tabori sind Teil dieser Neuformatierung der Figur im 20. Jahrhundert; sie partizipieren an dem Diskurs über das Fremde als das sexuell und/oder ethnisch Andere und geben ihm zugleich eine besondere Richtung, wie ich im Folgenden zeigen möchte.

I

Unter den Gedichten Brechts, die in der ersten Phase des Exils zwischen 1933 und 1938 entstanden sind, befindet sich *Die Medea von Łódź*.[10] Der Ortsname Łódź berührt merkwürdig. Was hat Medea mit Łódź zu tun? Was bedeutet es, wenn Brecht einen realen Ort aufruft und ihn mit einer mythischen Figur verkoppelt? Was verbinden wir heute als ‚Nachgeborene' in Deutschland mit dem Ortsnamen Łódź, was weiß Brecht von Łódź und worauf zielt er mit der Wahl dieses Ortsnamens? Und welche Medea meint Brecht, die Barbarin und Zauberin in Kolchis, die maßlos liebende und gedemütigte Frau in Korinth oder die Fremde und Exilierte, die als Mörderin der Kinder, des Bruders und der Nebenbuhlerin zwischen Orkus und Olymp ruhelos hin- und herirrt und als Furie durch die abendländi-

---

5   Zit. n. ebd., S. 186.
6   Das Drama *Medea in Prag* von 1949 ist erst aus dem Nachlass des in Israel verstorbenen Autors veröffentlicht worden. Siehe Max Zweig: Medea in Prag. Schauspiel in 5 Akten. In: ders.: *Dramen. Gesammelte Werke*. Bd. 1, Paderborn 1997. Vgl. dazu Stephan: *Medea* (Anm. 2), S. 63-66.
7   Jean Anouilh: Medea. In: Joachim Schondorff (Hg.): *Medea: Euripides, Seneca, Corneille, Cherubini, Grillparzer, Jahnn, Anouilh, Jeffers, Braun*, München, Wien 1963, S. 345.
8   Robinson Jeffers: Medea. In: ebd., S. 351.
9   Mattias Braun: Medea. In: ebd., S. 432.
10 Bertolt Brecht: Die Medea von Lodz. In: ders.: *Gesammelte Werke in 20 Bänden*. Bd. 9: Gedichte 2, Frankfurt/M. 1967, S. 19 f.

sche Literatur- und Kunstgeschichte gehetzt wird? Geht es Brecht überhaupt um eine Arbeit an einem unabgegoltenen Mythos, an dem sich vor ihm Autoren wie Klinger, Grillparzer und Jahnn abgemüht haben? Spielt er nur mit der Erinnerung an eine faszinierende Frauenfigur, die zum „dunklen Spiegel"[11] all der Ängste geworden ist, die eine patriarchalisch nicht domestizierte Weiblichkeit bei den Siegern der Geschichte bis in die Gegenwart hervorgerufen und die jüngst in Christa Wolfs Roman *Medea. Stimmen* als „wilde Frau"[12] eine neue emphatische Ausgestaltung erfahren hat? Oder geht es Brecht mit seinem Gedicht gar nicht um Medea, sondern vielmehr um eine Auseinandersetzung mit der damaligen deutschen Gegenwart? In welchem Verhältnis stehen mythische Assoziation und politische Zeitkritik bei dem notorisch mythen- und traditionsskeptischen Brecht, der in seinem Gedicht *Verurteilung antiker Ideale* abfällig vom „Stumpfsinn der Größe vergangener Zeiten" gesprochen und das „klaglose Ertragen vermeidbarer Leiden" und den „Glauben an unvermeidbare Schuld" kurzerhand als ‚falsches Bewusstsein' denunziert hatte?[13]

Angesichts der mythenskeptischen Haltung Brechts erstaunt es nicht, dass sich das Gedicht nicht in die Tradition der pathetischen Mythosauffassung der Moderne einfügt, die durch faschistische Autoren wie Arthur Rosenberg bzw. mit dem Faschismus liebäugelnde Autoren wie Gottfried Benn gerade um 1933 neu formuliert wurde. Brecht verzichtet bewusst auf eine Partizipation an der Aura des Mythos, die wenige Jahre zuvor in Jahnns *Medea* eine grandiose Steigerung erfahren hatte. Sein Gedicht gibt sich betont beiläufig und imitiert ironisch den Ton alter Mären.

> Die Medea von Lodz
>
> Da ist eine alte Märe,
> Von einer Frau, Medea genannt
> Die kam vor tausend Jahren
> An einen fremden Strand.
> Der Mann, der sie liebte
> Brachte sie dorthin.
> Er sagte: Du bist zu Hause
> Wo ich zu Hause bin.
>
> Sie sprach eine andere Sprache
> Als die Leute dort
> Für Milch und Brot und Liebe

---

11 Vgl. Olga Rinne: *Medea. Das Recht auf Zorn und Leidenschaft*, Zürich 1988, vor allem das Kapitel „Der dunkle Spiegel", S. 99 ff.
12 Christa Wolf: *Medea. Stimmen*, München 1996, S. 10.
13 Bertolt Brecht: Verurteilung antiker Ideale. In: ders.: *Gesammelte Werke in 20 Bänden*. Bd. 10: Gedichte 3, Frankfurt/M. 1967, S. 873 f.

Hatten sie ein anderes Wort.
Sie hatte andere Haare
Und ging ein anderes Gehn
Ist nie dort heimisch geworden
Wurde scheel angesehn.

Wie es mit ihr gegangen
Erzählt der Euripides
Seine mächtigen Chöre singen
Von einem vergilbten Prozeß.
Nur der Wind geht noch über die Trümmer
Der ungastlichen Stadt
Und Staub sind die Stein, mit denen
Sie die Fremde gesteinigt hat.

Da hören wir mit einem
Mal jetzt die Rede gehn
Es würden in unseren Städten
Von neuem Medeen gesehn.
Zwischen Tram und Auto und Hochbahn
Wird das alte Geschrei geschrien
1934
In unserer Stadt Berlin.

Die Geschichte von Łódź, nur wenige Eisenbahnstunden von Berlin entfernt und heute mit über 800.000 Einwohnern die drittgrößte Stadt Polens, ist verbunden wie kaum eine andere polnische Stadt mit der wechselvollen Geschichte des Landes, seinen nationalen Erhebungen im 18. Jahrhundert, der rasanten Industrialisierung im 19. Jahrhundert und der Ausbildung jenes Vielvölkergemisches, von dem Władysław Reymonts Epos *Das gelobte Land* (1899) erzählt und an das Israel Singer mit seinem Roman *Die Brüder Ashkenasi* oder Jizchak Katzenelson in seinem *Großen Gesang vom ausgerotteten jüdischen Volk* erinnern.

Wenn Brecht 1934 den Ortsnamen Łódź in Verbindung mit der mythischen Medea bringt, dann tut er dies m. E. wegen der Assoziationsmöglichkeiten, die die Nennung dieses Namens für den politisch interessierten Leser um 1934 bereithielt. Łódź wird aufgerufen als politisch ambivalent besetzter Ort, an dem soziale und ethnische Widersprüche des wirtschaftlichen und gesellschaftlichen Modernisierungsprozesses besonders vehement aufbrachen. Łódź kann verstanden werden als Chiffre für die Kälte der großen Städte, in deren „Dickicht" die Menschen einander fremd und feindlich werden.[14]

Wer aber ist unter diesen Voraussetzungen die „Medea von Lodz"? Das Gedicht stellt sie als Fremde vor: Sie spricht anders, sie sieht anders aus und

---

14 Vgl. zu Brechts Auseinandersetzungen mit den „großen Städten" sein frühes Stück *Im Dickicht der Städte*, Berlin 1927.

sie bewegt sich anders. Sie kommt aus der polnischen Vielvölkerstadt Łódź – wohl dort schon eine Fremde unter Fremden – nach Berlin als ‚Mitbringsel' eines Mannes, von dem gesagt wird, dass er sie liebt, nicht aber, ob sie ihn liebt. Die Parallele zur mythischen Medea liegt in der Erfahrung von Fremdheit, die beide machen: Die kolchische Medea im griechischen Korinth und die Medea aus Łódź im modernen Berlin mit Trams, Autos und Hochbahnen. Offenbar benutzt Brecht Medea als Bild für die ostjüdischen Einwanderer, die in den zwanziger Jahren nach Berlin kamen. Nach 1933 waren sie verstärkten Repressionen ausgesetzt.

Dabei verschiebt Brecht in der dritten Strophe unter der Hand die mythische Erzählung in einer erstaunlichen Weise: Nicht Medea ist die Mörderin (ihrer Kinder und der verhassten Nebenbuhlerin), sondern die Einwohner der „ungastlichen Stadt" haben „Sie die Fremde gesteinigt"[15]. Diese Verschiebung gewinnt unter der Perspektive des späteren Holocaust eine fast hellseherische Bedeutung und macht das Gedicht zu einem bedrückenden Zeugnis für die tödlichen Konsequenzen der Ausgrenzung und Verfolgung ethnischer Minderheiten. Die Warnung des Gedichts ist heute nicht weniger aktuell als 1934. „Medeen" tauchen auch heute „in unseren Städten auf", nur kommen sie nicht mehr allein aus Łódź, sondern aus Anatolien, Rumänien, aus Afrika, Asien und anderswoher.

Jenseits der unbestreitbaren vergangenen und gegenwärtigen Brisanz eines solchen Gedichtes wirft Brechts *Medea von Lodz* jedoch eine Reihe von Fragen auf, deren eindeutige Beantwortung schwer fällt, weil die Bezüge auf die mythische Figur und die reale Stadt – trotz oder gerade wegen des programmatischen Titels – im Text betont vage gehalten sind und durch den in der letzten Strophe eingeführten neuen Ortsnamen Berlin und durch die Pluralisierung Medeas zu „Medeen" noch vager werden. Dabei sind die Abweichungen Brechts vom Medea-Mythos, wie ihn Euripides in seinem Drama von 431 v. Chr. ausgestaltet hat, erheblich: Weder wird Medea von Brecht als leidenschaftlich Liebende und Hassende oder als mehrfache Mörderin dargestellt, noch wird sie als Zauberin und Heilerin begriffen. Die Assoziation ‚Kindermörderin' wird im Text weder mobilisiert noch destruiert, sie stellt sich jedoch trotzdem ein, weil gerade sie im kulturellen Gedächtnis in besonderer Weise gespeichert ist. Ähnlich verhält es sich mit dem Łódź-Bezug. Auch hier fällt es schwer zu entscheiden, worauf Brecht anspielen will: auf Łódź als kapitalistische Metropole, als Vielvölkerstaat oder als jüdisches Zentrum.[16]

---

15 Die Formulierung ist nicht ganz eindeutig: „die Fremde" kann Medea sein, sie kann aber auch die fremde Stadt meinen.

16 Mehr als Vermutungen äußern auch die Herausgeber der Großen kommentierten Brecht-Ausgabe nicht: „Das Gedicht entsteht möglicherweise im Zusammenhang mit einer ‚*Medea*-Idee', die Brecht zusammen mit Eisler entwickelt hat (Brief an Helene Weigel, November 1933). Es bezieht sich vermutlich auf die so genannten Ostjuden, die sich hauptsächlich im Berli-

Eine These ist, dass Figur und Ort für das Gleiche stehen. Die aus dem Osten kommende jüdische Medea Brechts ist Teil eines Jahrhunderte umspannenden literarischen Diskurses über das Fremde, der dadurch gekennzeichnet ist, dass er das Fremde stets als das sexuell und/oder ethnisch Andere konnotiert. Ich halte die Wahl Medeas in dem Brechtschen Gedicht also nicht für zufällig, sondern für symptomatisch, auch und gerade für einen Autor, für den sich die Erfahrung von Fremdheit durch das Exil in einer ganz neuen Weise stellte.

II

Gertrud Kolmars Roman *Die jüdische Mutter* (1930/31)[17] ist ein sperriger Text, der nicht interpretiert werden kann, ohne an die Ermordung der Autorin in Auschwitz zu denken.[18] Der Roman blieb wie viele andere Texte zu Lebzeiten Kolmars ungedruckt.

In dem Roman gibt es nur einen direkten Verweis auf Medea, wenn sich die Familie von Friedrich Wolg, der die Jüdin Martha Jadassohn gegen den Willen seiner Eltern geheiratet hat, darüber erregt, dass die Schwiegertochter sich weigert, ihr Kind taufen zu lassen:

„Seine Eltern waren empört; besonders der Vater gebrauchte kräftige Worte. ‚Eine Jüdin… Sie sollte froh sein, wenn ihr Balg christlich erzogen wird.' Friedrich schien ganz verstört. ‚Ich bitt' euch um eins, zankt bloß nicht mit ihr, laßt sie in Frieden. Ihr kennt sie nicht. Sie ist imstande und tötet das Kind; das ist eine Medea!'"[19]

In dieser Zeit ist das Kind noch gar nicht geboren. Friedrich, der im Zustand der Verliebtheit seiner Frau versprochen hatte, ihr und den künftigen Kindern seinen christlichen Glauben nicht aufzudrängen, scheint dieses Versprechen nach der Hochzeit vergessen bzw. von vornherein nicht ernst gemeint zu haben. Sein Wunsch, das Kind taufen zu lassen, fordert den entschiedenen Widerstand seiner Frau heraus:

---

ner Scheunenviertel niedergelassen haben. Sie gehörten zu den orthodoxen Juden, die sich nicht assimilierten und deshalb von den Nationalsozialisten besonders verfolgt wurden. – Das Gedicht verarbeitet die antike Sage von Medea, der Tochter des Königs von Kolchis, die den Argonauten hilft, das Goldene Vlies zu erringen. Medea folgt dem Führer der Argonauten Jason nach Korinth und wird dort von ihm verlassen." Bertolt Brecht: Gedichte und Gedichtfragmente 1928–1939. In: Werner Hecht u. a. (Hg.): *Werke. Große kommentierte Berliner und Frankfurter Ausgabe in 30 Bänden.* Bd. 14: Gedichte 4, Berlin, Weimar 1993, S. 588. Zu Brechts Verhältnis zu den Juden vgl. Manfred Voigts: Brecht and the Jews. In: *Brecht-Yearbook* 21 (1996), S. 101-122.

17   Gertrud Kolmar: *Die jüdische Mutter*, Frankfurt/M. 2003.
18   Ebd., Nachwort von Esther Dischereit.
19   Ebd., S. 20.

„Sie entgegnete ruhig: ‚Du hattest mir etwas versprochen, das weißt du.' Er zuckte die Achseln. ‚Es fragt sich, ob solch ein Versprechen mich binden würde. Ich hab' mal darüber gelesen –' Ihre Stimme war kalt. ‚Es ist ganz gleich, was du drüber gelesen hast. Wenn du dein Versprechen nicht halten willst und den Pfarrer aufhetzt…' Sie unterbrach sich: ‚Es ist unnütz zu drohen, wenn man noch nicht weiß, was man tut. Aber bedenke,' sagte sie leise, ‚daß unser Kind noch in mir ist, in meinem Schoß und daß du es, wenn es geboren ist, nicht mitschleppen kannst in deine Fabrik und daß ich es, wenn du es mir auch nimmst, überall finden werde.'"[20]

Diese Drohung verfehlt ihre Wirkung auf Friedrich nicht und ruft seine Medea-Angstvision hervor, auf die der Vater, der von vornherein gegen eine Verbindung mit der „Jüdin" intrigiert hatte, mit seinen Warnungen vor dem „antiken Standbild"[21], an das ihn die ungeliebte Schwiegertochter erinnert, die Familie bereits eingestimmt hat: „Alttestamentarisch sieht sie schon aus […]. Sie ist stärker als du, das spür' ich, bloß wenn ich sie sehe. Und wenn du mal anders willst als sie: die duckst du nicht. Entweder du reißt aus, oder sie bricht dich in Stücke. Ohne Gnade."[22] In gewisser Weise behält der Vater mit seiner Prognose recht. Nach der Geburt der Tochter erkaltet die Leidenschaft von Friedrich sehr rasch, er weicht nach Amerika aus und kehrt ein Jahr später als schwerkranker Mann heim. Nach seinem frühen Tod bleibt Martha in ärmlichen Verhältnissen zurück und muss sich und das Kind allein durchbringen, da die Verbindung zu den Schwiegereltern bald abreißt.

Das ist die von der Autorin knapp angedeutete Vorgeschichte des Romans, die ihre eigentliche Dramatik erst nach dem Tod des Ehemannes entwickelt. Der Medea-Bezug scheint in dieser Vorgeschichte nicht mehr als eine vage Assoziation zu sein, die das ‚Fremde' und ‚Jüdische' in der Familie Wolg auslöst. Er reicht jedoch über Friedrichs Angstvision weit hinaus. Die Beziehung zwischen Friedrich und Martha folgt – ungeachtet der von der mythologischen ‚Vorlage' abweichenden Figuren- und Handlungskonstellationen – einem Muster, das in seinem tödlichen Verlauf auf die antike Jason- und Medea-Konfiguration zurückverweist, die aufgrund der unterschiedlichen Herkunft der Partner bereits in der euripideischen Version von Anfang an zum Scheitern verurteilt ist. So wie sich in Jason und Medea ‚Griechentum' und ‚Barbarentum' feindlich begegnen, so stehen sich bei Kolmar ‚Deutsches' und ‚Jüdisches' unversöhnlich gegenüber. Das gemeinsame Kind, das aus der Verbindung zwischen „des Vaters Helle" und „dem Dunkel der Mutter"[23] hervorgeht, hat – ähnlich wie in George Taboris *M. Nach Euripides* (1985), wo der Vater das Kind als ‚Missgeburt' einer gescheiterten deutsch-jüdi-

---

20 Ebd., S. 19f.
21 Ebd., S. 17.
22 Ebd.
23 Ebd., S. 20.

schen Beziehung umbringt[24] – keine Chance. Anders als bei Tabori ist bei Kolmar jedoch die Mutter die Mörderin, was sich erst am Ende des Romans herausstellt. Während es zunächst so scheint, als ob die Tochter Opfer eines Sittlichkeitsverbrechens geworden ist, an dessen Folgen sie im Krankenhaus stirbt, gesteht Martha am Ende die Tat gegenüber dem Mann, mit dem sie ein Verhältnis eingegangen war, um ihn dazu zu bringen, den Mörder der Tochter zu suchen.

Die naheliegende und entlastende Deutung, dass Martha das Kind ‚erlösen' wollte, ist bei genauerer Lektüre nicht haltbar, da es eine Reihe von Hinweisen darauf gibt, dass sie das Kind in Wahrheit ‚hingerichtet' hat. So lässt die Autorin Martha sich an eine Auseinandersetzung mit ihrem Mann erinnern, in der sich dieser darüber erregte, dass eine Mutter ihren Sohn erschossen hatte, „der gleichgeschlechtliche Neigungen hegte und ihnen nachging."[25]

> „Friedrich Wolg erwähnte die Tat; er fand sie unmenschlich. Martha las. Dann meinte sie ruhig: ‚Nein. Ich versteh' es.' Friedrich ereiferte sich. ‚Du verstehst es? Daß eine Mutter ihr Kind – hinrichtet, muß man schon sagen – nur weil es zufällig unglückliche Anlagen zeigt? Dann könnte sie es ja ebenso gut totschlagen, weil es krank ist! Die Mütter von Räubern und sonstigen Schurken sind manchmal sehr ehrenwerte Fraun; wenn alle die zum Revolver griffen ... Fremde Menschen können verdammen; eine Mutter soll immer verzeihn.'"[26]

Das ist nicht die einzige Szene, durch die Martha ‚belastet' wird. Ihre Eltern, die schon längst gestorben sind, sprechen die Tochter schuldig.

> „Die rötlichblassen Photographien betrachteten sie von der Wand herab aus ihren schwarzen Rahmen. Ein jüngerer Mann mit schmalem scharfen, nachdenklich-ernsten Gesicht, seine kleine, unbedeutende Frau, eine blonde Jüdin. Sie sahen die Tochter seltsam an, der Vater sprach es aus, und die Mutter nickte nur schüchtern dazu: ‚Du lügst. Auch du hast dein Kind ermordet.'"[27]

Den stärksten Hinweis auf die ‚Täterschaft' Marthas liefert das „zerstückelte Bild"[28], das Martha am Ende des Romans in den Händen hält. Sie hat dieses Bild – eine Fotografie ihrer Tochter, die sie selbst gemacht hat – zerrissen[29] und damit symbolisch die Tat wiederholt, die sie aus ihrem Bewusstsein verdrängt und auf den Sittlichkeitsverbrecher verschoben hat.

Die durchgängige Thematisierung von triebhafter Sexualität im Roman und ihre Koppelung an das „Jüdische" weist zurück auf Otto Weiningers *Geschlecht und Charakter* (1903) und dessen Stereotypien des Jüdischen und Weiblichen. Kolmars

---

24   George Tabori: *M. Nach Euripides*. Manuskript, 3. Arbeitsfassung vom 4. Dezember 1984. Auf diese Fassung beziehe ich mich im Folgenden.
25   Gertrud Kolmar: *Die jüdische Mutter* (Anm. 17), S. 67.
26   Ebd.
27   Ebd., S. 170.
28   Ebd., S. 189.
29   Vgl. ebd., S. 186.

Spuren-Suche 43

Text steht ganz im Bann dieses Denkens. Vergeblich versucht ihre Protagonistin Martha, eine „jüdische Mutter" zu sein. Als Mirjam ist sie aber nur die ‚jüdische Dirne', die bei den Männern Abscheu erregt. Die Frage, ob der Text an dieser Spaltung in Mutter und Hure teilhat oder diese Spaltung nicht vielmehr als eine Fantasie (arischer) Männer kritisiert, die in der jüdischen Frau das Fremde und sexuell Andere sehen, ist deshalb so schwer zu entscheiden, weil Martha die Zuschreibungen ihrer Partner verinnerlicht und sich selbst als Verworfene begreift.[30]

Im Kontext der Medea-Rezeption ist die Figur der Martha/Mirjam eine besonders bedrückende Um-Schreibung des Mythos, weil Medea hier als Chiffre für das Misslingen der ‚jüdischen Assimilation' in Deutschland steht. Mit der Tötung der Tochter tilgt die Mutter nicht nur ihre eigene Geschichte als Ehefrau und Mutter, sie unterbricht damit auch gewaltsam einen Prozess, in dem die Tochter in der Zukunft die Position der Mutter einnehmen würde. Dass der Roman fiktional eine Entwicklung vorwegnimmt, die in der Realität im Holocaust endet, gehört zu den perversen Schrecknissen, welche die deutsche Geschichte im 20. Jahrhundert bereithält.

III

Mit der deutsch-jüdischen Geschichte ist auch der Roman *Märkische Argonautenfahrt* von Elisabeth Langgässer in beeindruckender Weise verbunden, der 1950 nach dem Tod der Autorin veröffentlicht wurde.[31] Langgässer, durch die Nürnberger Rassengesetze zur ‚Halbjüdin' gestempelt, konnte sich durch eine so genannte ‚privilegierte Mischehe' zwar der Verfolgung entziehen, ihre 1925 unehelich geborene Tochter Cordelia, die nach den Nürnberger Gesetzen als ‚Jüdin' galt, wurde jedoch nach Auschwitz verschleppt, das sie – wie durch ein Wunder – überlebte. Als Cordelia Edvardson wird die Tochter Jahrzehnte später ihre Höllenerfahrungen in Auschwitz in einem Buch aufschreiben, in dem die Mutter sehr kritisch gesehen wird.[32] Es ist hier nicht der Ort, die unselige Mutter-Tochter-Beziehung in all ihren Einzelheiten nachzuzeichnen[33] – beide sind Opfer einer Konstellation, die

---

30 Vgl. das Nachwort von Dischereit zu Kolmars *Die jüdische Mutter*, wo sich die Autorin fragt: „‚Die jüdische Mutter'? Wie kann sie solche Stereotypen aufbringen?" (ebd., S. 199) und die am Schluss den Impuls verspürt: „Wie die jüdische Mutter das Bild ihrer Tochter in Schnipsel reißt, möchte ich in das Buch hineingehen, rennen und rufen: Nein, tu's nicht. Einfach entsetzlich ... das ist die Selbsterniedrigung der erniedrigten Kreatur." (ebd., S. 215).
31 Elisabeth Langgässer: *Märkische Argonautenfahrt*, Frankfurt/M., Berlin, Wien 1981.
32 Cordelia Edvardson: *Gebranntes Kind sucht das Feuer*, München, Wien 1989.
33 Vgl. dazu Cathy Gelbin: „Es war zwar mein Kind, aber die Rassenschranke fiel zwischen uns." Elisabeth Langgässer und die Mutter-Tochter-Beziehung. In: *Zeitschrift für deutsche Philologie* 117/4 (1998), S. 565-596.

sie nicht verschuldet haben.[34] Wie bei der Tochter hinterlassen die Erfahrungen im Nationalsozialismus auch bei der Mutter ein Trauma, von dem die Medea-Fantasie in der *Märkischen Argonautenfahrt* ein deutliches Zeichen ablegt.

Medea ist als Hadesgöttin und mörderische Mutter das düstere Zentrum des Romans. Dieser Roman, der nach Langgässers Absicht ein „Kosmos der Nachkriegszeit"[35] werden sollte, erzählt die Geschichte einer Wanderung als „Gleichnis sämtlicher Fahrten, Eroberungen und Wanderzüge"[36]. Im Sommer 1945 begeben sich sieben Personen auf eine der mythischen Argonautenfahrt nachgebildete Pilgerreise aus dem zerbombten Berlin zu dem Kloster Anastasiendorf, das sich in der südlichen Mark Brandenburg befindet. Alle sieben Personen – unter ihnen auch ein jüdisches Ehepaar und eine junge Widerstandskämpferin – sind sichtbar vom Krieg gezeichnet, und alle sieben haben Schuld auf sich geladen, die zwar unterschiedlich begründet ist, jedoch eine gemeinsame Ursache hat: den Abfall von Gott. So ist es nur folgerichtig, dass die Suche der sieben – nach Aufklärung, Erlösung, Befreiung, Vergessen, Erinnerung, Trost, Einsicht, Sinngebung – ein gemeinsames Ziel hat: das Kloster, die *civitas dei*, die als Gegenbild gegen die sündige *civitas terrana* gesetzt ist.[37] Das augustinische Modell bildet den heilsgeschichtlichen Rahmen, in den die Pilgerfahrt der sieben Personen eingebettet ist. Diese führt die sieben ‚Argonauten' durch vom Krieg zerstörte Landschaften zum Kloster Anastasiendorf.

Wie die Hirten und Könige von einem Kometen zur Krippe des Christuskindes geleitet werden, so werden die ‚Argonauten' von einem Stern geführt, der ihnen den Weg nach Anastasiendorf weist, zu jener „Insel der Ordnung"[38], in der die harmonische Ordnung der *civitas dei* ein stückweit vorweggenommen ist. „Die Insel des Friedens [...] die heile Ordnung. Das Ziel der Argo. Das Haus zu dem Goldenen Vliess."[39]

Aus diesem Reich der Ordnung ist die Sexualität vollständig ausgegrenzt. Repräsentanten dieser Ordnung sind nicht zufällig die beiden Frauenfiguren des Romans, die weitgehend entsexualisiert sind und beide nicht zu der Gruppe der

---

34 Zur problematischen Mutter-Tochter-Beziehung als Hintergrund des Textes vgl. Inge Stephan: „Der Ruf der Mütter. Schulddiskurs und Mythenallegorese in den Nachkriegstexten von Elisabeth Langgässer". In: dies.: *Musen & Medusen. Mythos und Geschlecht in der Literatur des 20. Jahrhunderts*, Köln, Weimar, Wien 1997, S. 133-160.
35 Elisabeth Langgässer: *Soviel berauschende Vergänglichkeit. Briefe 1926-1950*, Hamburg 1954, S. 211.
36 Dies.: *Märkische Argonautenfahrt* (Anm. 31), S. 399.
37 Vgl. Konstanze Fliedl: *Zeitroman und Heilsgeschichte. Elisabeth Langgässers Märkische Argonautenfahrt*, Wien 1986. Siehe auch die ältere Arbeit von Eva Augsberger: *Elisabeth Langgässer. Assoziative Reihung, Leitmotiv und Symbol in ihren Prosawerken*, Nürnberg 1962, insbes. S. 98 ff.
38 Elisabeth Langgässer: *Märkische Argonautenfahrt* (Anm. 31), S. 268.
39 Ebd., S. 270.

Argonauten gehören: Die Äbtissin Demetria,[40] deren Name auf Demeter anspielt, und Sichel, der Reiseengel der Argonauten,[41] deren Name auf Maria auf der Mondsichel verweist. „Sichelchen", eine unschöne bucklige Frau, die Kindertransporte nach Auschwitz begleitet, ist der gute Geist des Romans. Sie ist eine der vielen Marienfiguren, die den Text bevölkern. Als ‚gute Mütter' werden diese Marienfiguren gegen die ‚bösen Mütter' gewendet, die ihre Sexualität triebhaft ausleben und ihre Kinder töten.

Als mythisches Bild dieser ‚bösen Mutter' erscheint Medea in dem Roman. Dieses „verwilderte, schreckliche Wesen"[42], das wie Gorgo-Medusa in der Tiefe haust, die schreckliche „Magna Mater", die verschlingt, was sie geboren hat, die „Opfer um Opfer forderte, ohne gesättigt zu sein"[43], ist eine unersättliche, gierige Frau, die allein durch Maria erlöst werden kann. Die Macht Medeas ist jedoch trotz der heilsgeschichtlichen Einbindung und trotz der vielen Marienfiguren, die der Text als Gegenbilder entwirft, ungebrochen. Sie haust nicht nur in den „Labyrinthen und Fuchsbauten unter der Erde"[44], sondern sie hat ihren Herrschaftsbereich auf die Erde ausgedehnt und ist praktisch überall: Sie hat Besitz ergriffen von den „Seelen" und der „Sprache der Menschen"[45]. Sie hat Eingang gefunden in ihre „Träume" und „Gebärden"[46] und ist sogar Bestandteil der Nahrung, die die Menschen zu sich nehmen.[47] Sie ist das „Nichts"[48], das überall dort eindringt, wo Chaos statt Ordnung herrscht.

> „Wie eine Windhose fegte sie über die großen Städte und warf noch einmal die Trümmer um, die der Krieg hinterlassen hatte, sie raste bis auf das freie Feld und verschonte selbst nicht die Schrebergärten und in den Schrebergärten am Bahndamm die abgestellten und ausgeglühten, in Hütten, Behelfsheime, Unterschlüpfe verwandelten Eisenbahnwagen, die sich klappernd vom Boden hoben und gleichfalls zu kreisen begannen – rostig, von grauschwarzer Wäsche umflattert und von abscheulichen Krähen begleitet, die aus den Wolken fielen. So zogen die Wohnungen der Medea über Ströme und Länder dahin [...]."[49]

---

40 Im Ganzen gesehen ist Demetria keine reine Marienfigur, sondern eine eher gespaltene Eva-Figur. Der Verweis auf ihre Schönheit einerseits (ebd., S. 96) und die Medusa-Assoziation andererseits (ebd., S. 105) nehmen ihr Ende bereits vorweg: „Sie wurde als reines, kostbares Gold in dem Tiegel des Großen Engels zerrieben, der die Seufzer und Bitten, die Reue, die Einsicht vor den Thron des Allwissenden trägt." (ebd., S. 409).
41 Ebd., S. 165.
42 Ebd., S. 331.
43 Ebd.
44 Ebd.
45 Ebd., S. 332.
46 Ebd.
47 Vgl. ebd.
48 Ebd.
49 Ebd., S. 333.

Sicherheit vor diesem „Nichts" bietet allein die *civitas dei*, deren Schutzpatronin Maria ist. Nur die *imitatio mariae* kann jene neue „Ordnung" herbeiführen, die an die Stelle der alten, zusammengebrochenen Ordnung treten soll. Dieses ‚neue' Reich, von dem der Roman fantasiert, ist ein Reich des Geistes, ein ‚männliches' Reich also, in dem Maria formal die Funktion der Schutzpatronin zugewiesen ist, in der Frauen generell jedoch auf die Rolle der Gottes-Mägde reduziert sind. Medea ist in diesem Zusammenhang eine monströse Figur, auf die alle Ängste projiziert werden.

> „Noch nach Jahren erinnerten sich die Menschen mit Schaudern ihres Bildes und fluchten ihr, ohne sich einzugestehen, daß dieses verwilderte, schreckliche Wesen auch ihre Mutter war. Sie war ihre Mutter und wurde zugleich von ihnen hervorgebracht; sie hätte von ihnen verändert, sie hätte erlöst werden können, wenn nur die Menschen sich selber hätten erlösen lassen."[50]

Diese Doppelung in Maria/Medea verweist auf eine Spaltung der Mutter-Imago, die in der Rezeption des Medea-Mythos spätestens seit dem 18. Jahrhundert zu beobachten ist, als sich im Gefolge von Säkularisierung und Modernisierung mit den bürgerlichen Werten und Ordnungsvorstellungen auch neue Geschlechterbilder durchsetzten, in denen ‚Mütterlichkeit' und ‚Weiblichkeit' miteinander verschmolzen.[51]

IV

Mit der deutsch-jüdischen Geschichte ist auch das Medea-Gedicht *Im Schlangenwagen* aus dem Zyklus *Atemwende* (1967) von Paul Celan verbunden.[52]

> Im Schlangenwagen
>
> Im Schlangenwagen, an
> der weißen Zypresse vorbei,
> durch die Flut
> fuhren sie dich.
> Doch in dir, von
> Geburt,
> schäumte die andre Quelle,
> am schwarzen
> Strahl Gedächtnis
> klommst du zutag.

---

50 Ebd., S. 331.
51 Vgl. Inge Stephan: „Mörderische Mutter und Heroine der Mütterlichkeit. Medea und ihre Kinder". In: dies.: *Medea* (Anm. 2), S. 7-27.
52 Paul Celan: Im Schlangenwagen. In: ders.: *Gesammelte Werke*. Bd. 2, Frankfurt/M. 1986, S. 27.

Celan, der in der Gedichtsammlung *Mohn und Gedächtnis* (1952) Jason direkt als Figur aufgerufen hat[53] – Anselm Kiefer hat mit seinen beiden Flugobjekten *Mohn und Gedächtnis* (1989) und *Jason* (1989)[54] auf die Verbindungen zwischen Celans Erinnerungsarbeit und dem Argonautenmythos aufmerksam gemacht –, nennt in dem Gedicht *Im Schlangenwagen* den Namen von Medea nicht. Das ist auch nicht notwendig, denn sie scheint eine alte Bekannte zu sein, die das lyrische Ich als „du" anspricht. Medea, die bei Euripides im Schlangenwagen ihres Großvaters Helios den Schauplatz des Massakers verlässt, um die getöteten Kinder ins Heiligtum der Hera zu bringen, ist in Celans Gedicht keine mythische Rachegöttin oder Siegerin, aber doch eine Figur der Differenz und Stärke. Darauf verweist das Bild „die andre Quelle" ebenso wie das Verb „schäumte", das Kraft und Lebendigkeit signalisiert. Medea, die sich in der ersten Strophe als Gefangene in einer Extremposition der Unfreiheit zu befinden scheint, lässt sich nicht verbannen oder töten, wie das „Doch" am Anfang der zweiten Strophe deutlich macht. Ihre „von Geburt" an vorhandene Andersartigkeit macht sie zu einer widerständigen Figur, die sich dem Vergessen und der Vernichtung widersetzt. Trotz der melancholischen Motivik der „weißen Zypresse" in der ersten und dem „schwarzen Strahl" in der zweiten Strophe vermittelt das Gedicht den Eindruck einer starken, ungebrochenen Figur, die in gewisser Weise als Gegenentwurf zu Kolmars „jüdischer Mutter" gelesen werden kann, welche am Ende des Textes den Tod im Wasser sucht. Celan hat seine Medea aus dem familiären Kontext vollständig herausgelöst und ihr als ‚dunkler Göttin' jene Würde und Bedeutung zurückgegeben, die sie im Verlauf der Rezeptionsgeschichte als ‚mörderische Mutter' eingebüßt hat.

V

Im Gegensatz zu Celans ‚dunkler Göttin', die in poetisch verschlüsselter Weise in einer überzeitlich mythischen Sphäre verortet wird, siedelt George Tabori seine Medea in der damaligen deutschen Gegenwart an. Bereits der Titel des Stücks *M. Nach Euripides*, das 1985 in München uraufgeführt wurde, spielt in mehrfacher Weise mit Traditionsbezügen.[55] M kann als Kürzel für Medea stehen, es kann

---

53 Paul Celan: „Talglicht". In: ders.: *Gesammelte Werke*. Bd. 3, Frankfurt/M. 1983, S. 36 („Jason wirft nun mit Schnee nach der aufgegangen Saat").
54 Vgl. die Abbildungen zu den Objekten Nr. 51 und 52 in: Staatliche Museen zu Berlin, Preußischer Kulturbesitz (Hg.): *Anselm Kiefer. Katalog zur Ausstellung: 10. März – 20. Mai 1991: Nationalgalerie Berlin*, Berlin 1991, S. 134 ff.
55 George Tabori: *M* (Anm. 24). Siehe auch Inge Stephan: Gewalt-Szenarien. Medea-Mythen in der Literatur der Gegenwart. Taboris *M* (1985) und Lohers *Manhattan Medea* (1999). In:

aber auch Assoziationen an Mutter, Mann, Macht oder Missgeburt auslösen. Zugleich kann es als Anspielung auf den berühmten Film *M – Eine Stadt sucht einen Mörder* (1931) von Fritz Lang verstanden werden. Doppeldeutig ist auch der Untertitel, der sowohl temporal als auch anlehnend gedeutet werden kann. Beides trifft zu. Tabori hat den größten Teil seines Textes dem Drama von Euripides entnommen, zugleich hat er daraus aber durch Streichungen und Hinzufügungen einen ganz neuen Text gemacht, der entschiedener als alle anderen dramatischen Versionen vor ihm mit dem euripideischen Modell bricht: Nicht Medea bringt die Kinder um, sondern Jason ist der Mörder. Entsprechend entsetzt war die Reaktion im Feuilleton.

Das Stück wirft zahlreiche Interpretationsprobleme auf, von denen mir die dem Text unterlegte deutsch-jüdische Problematik besonders wichtig zu sein scheint. Sie weist auf Jahnns schwarze Medea von 1926 und Brechts *Medea von Lodz* zurück. Anders als bei Brecht, der in seinem Gedicht von 1934 nur sehr allgemein auf die jüdische Problematik des Anderen und Fremden anspielt,[56] und anders als Jahnn, dessen *Medea* in kryptischer Weise auf Jüdisches verweist,[57] ist Taboris Leben und Werk existentiell durch die Erfahrung des Holocaust geprägt. Als einer, der ins Land der Täter zurückgekehrt ist, sieht er es als seine Aufgabe an, die Erinnerung an das Schreckliche, das die deutsche Vernichtungsideologie seiner eigenen Familie und Millionen anderer angetan hat, wach zu halten.[58]

Der Beginn der zweiten Szene legt den Vergleich zwischen Juden und Deutschen nahe, wenn Medea das Wortspiel vom Packen und am-Kragen-Packen bringt, das an den ‚ewigen Juden' und die Judenvernichtung erinnert. Eine weitere Anspielung findet sich in Formulierungen von den „blutigen Zeiten des Zwangstourismus" und den „panischen Reisen für Barbaren wie uns"[59]. Nimmt man Barbaren im ursprünglichen Sinne von Fremde, kann man darin einen Verweis auf die jüdischen Flüchtlinge sehen, die nach 1933 Deutschland verlassen mussten. Die Vermutung, dass es sich bei Korinth nicht um das griechische Korinth handeln kann, wird durch die Zeilen „im kalten Korinth" und „wo nie die Zitro-

---

Robert Weninger: *Gewalt und kulturelles Gedächtnis. Repräsentationsformen von Gewalt in Literatur und Film seit 1945*, Tübingen 2005, S. 95-110.

56 Vgl. Inge Stephan: Orte des Fremden. Überlegungen zur Medea-Rezeption bei Bertolt Brecht und Katja Lange-Müller. In: Rolf-Peter Janz (Hg.): *Faszination und Schrecken des Fremden*, Frankfurt/M. 2001, S. 142-158.
57 Vgl. Genia Schulz: Eine andere Medea. In: Hartmut Böhme, Uwe Schweikert (Hg.): *Archaische Moderne. Der Dichter, Architekt und Orgelbauer Hans Henny Jahnn*, Stuttgart 1996, S. 110-126.
58 Vgl. „Ich habe mein Lachen verloren." André Müller spricht mit George Tabori. In: *Die Zeit*, 6. Mai 1994, S. 53 f.
59 George Tabori: *M* (Anm. 24).

nen blühen"[60] bestätigt, die nicht auf die beliebten Ferienziele Griechenland und Italien, sondern ebenfalls auf Deutschland deuten. Diese Interpretation bekräftigt die nächste Aussage des Kindes: „Es wimmelt schon wieder von Bullen. Sie haben schon alle verhaftet, die zu verhaften waren."[61] Nimmt man das Stück als Parabel für das deutsch-jüdische Verhältnis, steht der Mann für den aktiven, einheimischen, deutschen Teil, die Frau für den passiven, fremden, jüdischen Teil. Das Kind ist ihr gemeinsames Produkt, das als Zeuge dieser missratenen Vereinigung vernichtet werden muss.

Medea weist noch weitere Parallelen zum Judentum auf. Sie ist wegen ihrer Zauberkunst gefürchtet und wird von Jason in der Fälschungs-Szene beschuldigt, die Königstochter vergiften zu wollen, so wie die Juden früher als Brunnenvergifter galten. Jason beschuldigt Medea des Kindermordes, so wie die Juden unter anderem wegen der Praxis der rituellen Beschneidung als Kindesmörder galten.

Tabori hat das Verhältnis von Deutschen und Juden mit dem Verhältnis zwischen Kain und Abel verglichen. Über seine erste Frau Hannah hat Tabori gesagt:

> „Damals heiratete ich Hannah, eine Waise aus Darmstadt, eine Eierjeckes, vernarbt von arabischen Kugeln; wie Anna, das Kindermädchen, war sie blond mit einer Stupsnase, aber geraden Beinen; sie vereinigte in sich die schlimmst-besten Eigenschaften der Juden wie der Deutschen, ein lebender Beweis für die beunruhigende Ähnlichkeit der beiden Völker (die Kain- und Abel-Legende als eine Metapher unserer gemeinsamen Geschichte durch Jahrhunderte von Mord und Liebe)."[62]

Tabori hat das Judentum als Ethos der Verlierer bezeichnet. Frauen und Kinder gehören in unserer Gesellschaft ebenfalls zu den Verlierern, so dass die Frau und das Kind in *M* auch für das Schicksal der Juden stehen können. Taboris Idee, Medea als eine jüdische Figur zu entwerfen, ist weniger überraschend, als es auf den ersten Blick erscheinen mag. In der Rezeptionsgeschichte von Euripides bis Hans Henny Jahn hat Medea immer wieder als Projektionsfläche für das Fremde/Andere gedient. Das Fremde/Befremdende der Medea-Figur ist stets im Schnittpunkt zweier sich überkreuzender Diskurse aufgesucht worden: Sexismus und Rassismus bilden seit jeher das Koordinatennetz, in das die Medea-Fantasien der Autoren und Autorinnen eingelassen sind. Mit seiner jüdischen Medea, die die Erinnerung an die jüdischen Medeen von Jahnn und Brecht hervorruft, verweist Tabori, dessen Leben und Werk von den Erfahrungen des Holocaust geprägt sind, auf die unheilvolle Komplischaft von Rassismus und Antisemitismus im

---

60 Ebd.
61 Ebd.
62 George Tabori: „Wenn die Leute vom Theater reden." In: ders.: *Unterammergau oder die guten Deutschen*, Frankfurt/M. 1981, S. 13.

Diskurs über das Fremde/Andere. Sein Stück *M* ist eine Deckerinnerung an die Vernichtungs- und Euthanasiemaschinerie der Nationalsozialisten.

Fazit

Die Spuren-Suche hat ergeben, dass Medea in den Texten sehr unterschiedlich imaginiert wird. Als Chiffre für das Fremde ist sie von vornherein eine ambivalente Bezugsgröße, da sich im Fremden das Andere und das Eigene stets in problematischer Weise mischen. Darüber hinaus ist sie jedoch in einen Gender-Diskurs eingebunden, der erst bei der vergleichenden Lektüre deutlich wird. Auffällig ist zunächst einmal, dass die drei Autoren Medea positiv besetzen. Bei Brecht ist sie ein alltägliches Opfer der politischen Verhältnisse. Nicht von ihr geht die Gewalt aus, sondern von der Gesellschaft, die sie als Fremde ausgrenzt und ihre Kinder ermordet. Bei Celan dagegen ist Medea eine auratische Figur. Als dunkle Göttin steht sie für Würde und Unzerstörbarkeit und kann als Figur der Hoffnung gelesen werden. Tabori holt Medea wieder in die Gegenwart zurück. Nicht sie, sondern der Mann wird zum Mörder des Kindes, das er als ‚Missgeburt' einer Beziehung ablehnt, in der Vater und Mutter sich fremd geblieben sind.

Ganz anders stellt es sich in den Texten der Autorinnen dar. In Kolmars Roman ist Medea zunächst nur eine Angstvision ihrer christlichen Schwiegereltern, die Protagonistin Martha nimmt jedoch im Verlauf zunehmend Züge der mörderischen Medea an. Als Mirjam wird sie zu einer Verworfenen, die endgültig mit dem Bild der „guten jüdischen Mutter" gebrochen hat. Nicht zufällig legt sie ihren alten Namen ab und nimmt einen neuen an. Diese Spaltung zwischen Mirjam und Martha kehrt in dem Roman von Elisabeth Langgässer in der Medea-Maria-Konstellation zurück. Bei Langgässer wird Medea zu einer monströsen Figur, auf die alle negativen Affekte projiziert werden. Als mörderische Mutter wird sie zum Symbol für das Nichts und das Chaos.

Offensichtlich sind die beiden Autorinnen stärker als die Autoren von einem Diskurs über Mütterlichkeit beeinflusst, der die Thematisierung von der Gewalt von Frauen ihren Kindern gegenüber mit einem Tabu belegt hat. Medea kann deshalb bei ihnen keine positive Figur sein. Dieses Tabu scheint selbst noch bei Brecht und Tabori nachzuwirken, wenn sie die mörderische Tat auf die Gesellschaft bzw. auf den Mann verschieben und damit Medea entlasten. Celan ist der einzige Autor, der sich aus dieser polarisierenden Sicht auf die Gesellschafts- und Geschlechterverhältnisse, die die Medea-Rezeption von den Anfängen an prägt, gelöst hat: Er hat Medea in einen mythischen Raum zurückfantasiert, in dem sich die Frage von Schuld und Gewalt anders stellt als in den Texten, in welchen die Figur in einer sehr viel direkteren Weise für die Auseinandersetzung mit der jeweiligen Gegenwart funktionalisiert wird.

Umbrüche der Erinnerung: H. G. Adlers exzentrische Stellung im Kanon der Holocaust-Literatur

António Sousa Ribeiro

Der Titel meines Beitrags ist vielleicht etwas irreführend: dass es einen Kanon der Holocaust-Literatur gibt, darf zwar als unbestritten gelten – man kann höchstens über den Charakter, den Umfang und die Grenzen dieses Kanons unterschiedlicher Meinung sein –, dass H. G. Adler aber in diesem Kanon eine, wenn auch exzentrische Stellung beziehen würde, das steht sehr ernsthaft zur Debatte. Immerhin: die hundertste Wiederkehr des Geburtstags des 1910 in Prag geborenen Autors hat einige Fortschritte in der öffentlichen Wahrnehmung und in der wissenschaftlichen Rezeption seines Werkes mit sich gebracht. Zu verzeichnen wären unter anderem Kolloquien in Marbach und Prag, Neuauflagen, darunter die erste vollständige Sammlung der Gedichte, der beim Klagenfurter Drava-Verlag erschienene, über tausend Seiten starke Band *Andere Wege*,[1] englische Übersetzungen der zwei großen Romane *Eine Reise* und *Panorama*, beide bei Random House erschienen.[2] Im großen Ganzen scheint der Ausspruch Adlers, er sei „durch Unbekanntheit ziemlich berühmt", langsam eine Widerlegung zu erfahren. Trotzdem bleibt die Frage über die Gründe der verzögerten und immer wieder unterbrochenen Rezeption eines Autors bestehen, der meiner Meinung nach, nicht zuletzt durch die Breite eines Lebenswerkes, das die verschiedensten literarischen und nicht-literarischen Genres umfasst, eine singuläre und herausragende Bedeutung in der wissenschaftlichen und fiktionalen Verarbeitung des Holocaust besitzt. Man staunt in der Tat immer wieder über den Grad der Unbekanntheit dieses Autors, nicht nur unter Literaturwissenschaftlern, sondern auch und gerade unter Historikern: Wolfgang Benz z. B. konnte 1995 in dem Band *Der Holocaust* ein Kapitel über Theresienstadt verfassen, in dem man einen Hinweis auf Adlers schon 1955 erschienene monumentale Studie über eben dieses Lager vergeblich sucht.[3] Viele andere ähnliche Beispiele könnten mühelos angeführt werden.

---

1 H. G. Adler: *Andere Wege. Gesammelte Gedichte*. Hg. von Katrin Kohl und Franz Hocheneder unter Mitwirkung von Jeremy Adler. Klagenfurt 2010.
2 H. G. Adler: *The Journey*. Übers. Peter Filkins. New York 2009; *Panorama. A Novel*. Übers. Peter Filkins. New York 2011.
3 Vgl. Wolfgang Benz: *Der Holocaust*. München 1995; H. G. Adler: *Theresienstadt 1941–1945. Das Antlitz einer Zwangsgemeinschaft. Geschichte, Soziologie, Psychologie*. Tübingen 1955.

Wenn man über die Gründe der immer wieder stockenden Rezeption H. G. Adlers nachdenkt, dann drängt sich die Frage nach dem im wörtlichen Sinne exzentrischen Charakter seines Werkes auf. Wie von ihm selbst mitgeteilt, hat Adler sofort nach seiner Einlieferung in Theresienstadt den festen Entschluss gefasst, sollte er überleben, aus der Perspektive des Wissenschaftlers und nicht des Opfers Zeugnis abzulegen. Er hat auch sogleich damit angefangen, Gedichte zu verfassen – die Gedichte aus der Lagerzeit, darunter der eindrucksvolle „Theresienstädter Bilderbogen", nehmen in der neuerlichen Gesamtausgabe mehr als 100 Seiten ein.[4] Weder in seinen soziologischen Untersuchungen noch in seiner Lyrik oder seinen Romanen kommt Adler den Erwartungen an einen gewöhnlichen Opfer-Diskurs entgegen. Der berüchtigte Fall Wilkomirski in den neunziger Jahren hat sehr anschaulich daran erinnert, wie stark der Akt des Lesens von Erwartungen überdeterminiert wird, die ihrerseits auf bestimmten kanonischen Mustern gegründet sind. Wilkomirskis „Erinnerungen" konnten anfangs so überzeugend wirken und so enthusiastisch von der Kritik aufgenommen werden, weil sie einem kanonischen Genre der Holocaust-Autobiographie scheinbar restlos entsprachen.[5] Eine solche Übereinstimmung findet sich bei Adler eben nicht. Das kann an dem Roman *Eine Reise* – wo z. B. die Worte Deutsch, Jude oder Lager kein einziges Mal vorkommen – besonders deutlich gezeigt werden und auf diesen Roman werde ich in der Folge in der Hauptsache Bezug nehmen. Peter Suhrkamp soll einmal geäussert haben, solange er lebe, werde ein solcher Roman in Deutschland auf keinen Fall gedruckt.[6] Die näheren Gründe einer solchen Hasstirade sind mir nicht bekannt, es ist aber leicht zu mutmaßen, dass die Irritation des mächtigen Verlegers mit der verblüffend verfremdenden Art und Weise der Darstellung von Deportation und Vernichtung in dem Roman zusammenhängt.

---

4   Über Adlers Leben und Werk informiert inzwischen die ausführliche Monographie Franz Hocheneders: *H. G. Adler (1910–1988). Privatgelehrter und freier Schriftsteller.* Wien / Köln / Weimar 2009.
5   Zum „Fall Wilkomirski", vgl. unter anderen: Susan Rubin Suleiman: Problems of Memory and Factuality in Recent Holocaust Memoirs: Wilkomirski/Wiesel. *Poetics Today* 21.3 (2000), S. 543–59; Stefan Maechler / Moira Moehler-Woods: Wilkomirski the Victim: Individual Remembering as Social Interaction and Public Event. *History and Memory* 13.2 (2001), S. 59–95; Marouf Hasian Jr: Authenticity, Public Memories, and the Problematics of Post-Holocaust Remembrances: A Rhetorical Analysis of the Wilkomirski Affair. *Quarterly Journal of Speech*, 91.3 (2005), S. 231–263.
6   Jeremy Adler: Nachwort. In: H. G. Adler, *Eine Reise*. Wien 1999, S. 310. Über *Eine Reise* vgl. auch: Ruth Vogel-Klein: Eine fremde Welt: H. G. Adler, *Eine Reise. Germanica*, 42 (2008), S. 13–28; Klaus L. Berghahn: ‚Ordentliche Regulierung des Außerordentlichen'. Beobachtungen zu H. G. Adlers *Eine Reise. Monatshefte* 103.2 (2011), S. 213–27.

Man kann Adlers fiktionales Werk nicht von seinen wissenschaftlichen Arbeiten gesondert betrachten. Die bereits erwähnte Studie über Theresienstadt, die schon 1948 fertig geschrieben war, aber erst 1955 im Druck erscheinen konnte, bildet zusammen mit Eugen Kogons *Der SS-Staat* eine der ersten groß angelegten soziologisch-politischen Untersuchungen eines Konzentrationslagers. Das Buch, das im Jahre 1960 eine revidierte und ergänzte Neuauflage erlebte, hat meines Erachtens bis zum heutigen Tag nichts von seiner Relevanz für die Forschung eingebüßt. Die Schärfe und bahnbrechende Bedeutung der Vision Adlers wird von einem 1958 in der Zeitschrift *The American Journal of Sociology* veröffentlichten Aufsatz bestätigt. In diesem politisch-soziologischen Essay schreibt H. G. Adler, dass der Nazi-Genozid im Grunde nichts anderes darstelle als „einen extremen [...], besonderen Fall von den tatsächlichen Bedingungen oder wenigstens [...] von den latenten Möglichkeiten, welche überall in der modernen Gesellschaft anzutreffen sind"[7]. In den fünfziger Jahren entsprach dies bekanntlich keiner verbreiteten Auffassung – die theoretische Aufarbeitung des Nazi-Genozids steckte in den Anfängen und wurde kaum rezipiert, die Betonung des Nationalsozialismus als der Ausnahmefall eines „teuflischen" Regimes war weit verbreitet; Adornos und Horkheimers *Dialektik der Aufklärung*, obwohl 1947 veröffentlicht, war ein recht unbekanntes Buch (in den 1960er Jahren war die erste Auflage noch erhältlich); und Hannah Arendt hatte ihre berühmte Wendung von der „Banalität des Bösen" noch nicht geprägt. Dagegen bildet die Modernität des Holocaust heutzutage einen weitgehend akzeptierten Grundsatz, wobei u. a. auf Zygmunt Baumans einflussreiches Buch über das Thema hingewiesen werden kann – in dem allerdings seltsamerweise die bahnbrechenden Arbeiten von H. G. Adler keine Erwähnung finden.

Ich erinnere an Baumans zentrale These in *Modernity and the Holocaust*: „der Holocaust war das Ergebnis eines singulären Zusammentreffens von Faktoren, die an sich ganz gewöhnlich und normal"[8] in der modernen Gesellschaft sind. Für das Verständnis der fiktionalen Strategie Adlers in *Eine Reise* ist es überaus wichtig, des Umstands dieser Modernität des Holocaust eingedenk zu bleiben. Das Motiv der Reise bildet bekanntlich ein wesentliches ästhetisches Verfahren für die Darstellung der grenzenlosen Ausweitung von Erfahrung in der Moderne. Die Reise fungiert als eine zentrale Metapher für die Möglichkeiten der utopischen Selbstkonstituierung des modernen Subjekts. In Adlers Roman findet eine radikal dystopische Umkehrung dieses Topos statt: die scheinbar unbegrenzte Verfügung über Zeit und Raum wird durch die Erfahrung von rücksichtsloser

---

7   H. G. Adler: Ideas toward a Sociology of the Concentration Camp. *The American Journal of Sociology* 63.5 (1958), S. 513–522, hier S. 513 (alle Übersetzungen sind von mir).
8   Zygmunt Bauman: *Modernity and the Holocaust*. Oxford 1989, S. xiii.

Behinderung und Ausgrenzung ersetzt.[9] Somit liefert der Roman wesentliche Bausteine zu einer Kritik der Moderne, ja man könnte eigentlich, wie noch in großen Zügen zu zeigen sein wird, Adlers Roman in wesentlichen Aspekten als fiktionale Umsetzung der Dialektik der Aufklärung auffassen. Wenn es wahr sein sollte, dass, wie Neil Levi und Michael Rothberg vor Jahren unterstrichen haben, der Holocaust ein „Ärgernis" für die Theorie bedeutet, „ein Ärgernis, das nicht verschwindet", weil „die Begebenheiten des Holocaust so etwas wie eine konstitutive Grenze der Theorie darstellen"[10], so ist es in diesem Sinne, dass ich auch *Eine Reise* als ein „Ärgernis" nehme, versucht doch der Roman das Problem der Darstellbarkeit von absoluter Gewalt auf eine Art und Weise zu lösen, welche höchst idiosynkratisch ist und alle vorgefertigten Vorstellungen systematisch enttäuscht.

Eine Reise – schon 1951 fertig geschrieben, aber erst 1962 bei Bibliotheca Christiana, einem kleinen, eher unbedeutenden Verlag erschienen – ist ein autobiographischer Roman: er erzählt Adlers eigene Deportation aus Prag zusammen mit seiner Frau und anderen Mitgliedern seiner Familie, die sämtlich nicht überlebt haben. Die autobiographische Grundlage erscheint jedoch durchweg verfremdet. Die Hauptstation der Reise ist das Lager Theresienstadt, das im Roman mit dem fiktiven ironischen Namen Ruhenthal versehen wird – die Reise führt von Stupart [Prag], über Leitenberg [Leitmeritz] und Ruhenthal [Theresienstadt] nach Unkenburg [Halberstadt]. Schon die Benutzung solcher fiktiver Namen deutet darauf hin, dass der Roman nicht auf direkte Zeugenschaft hin ausgerichtet ist: es handelt sich um einen hochkomplexen Text, durchweg mit raffinierter modernistischer Technik erzählt, die in manchem den Leser durch den Gebrauch von traumhaften Bildern und die Betonung der phantasmagorischen Natur von materiellen Dingen und Umständen an den so genannten „magischen Realismus" erinnert. Das in der Holocaust-Literatur häufig anzutreffende Motiv eines Lebens, das eine bloß scheinbare Realität besitzt, da in Wirklichkeit der Tod schon eingetreten ist, wird durchgehend verwendet – die Figuren sind „Geister", „ehemalige Menschen", welche keine Ziele haben, „doch auch keine Vergangen-

---

9   Zum Topos der Reise in der Holocaust-Literatur vgl. Torben Fischer: ‚Keine Sommerfrische'. Das Bild der Reise in der europäischen Holocaust-Literatur. In: Oliver Ruf (Hg.): *Ästhetik der Ausschließung. Ausnahmezustände in Geschichte, Theorie, Medien und literarischer Fiktion*. Würzburg 2009, S. 241–56; António Sousa Ribeiro: Kartographien des Nicht-Raumes: Das Motiv der Reise in der Holocaust-Literatur. In: Rosa Marta Gómez Pato / Jaime Feijóo (Hg.): *Literatur aus Österreich – zum Problem der Norm und der Devianz. Wendelin Schmidt-Dengler in memoriam*. Frankfurt am Main 2011, S. 53–65. Vgl. auch: Todd Samuel Presner: *Mobile Modernity. Germans, Jews, Trains*. New York 2007; Simone Gigliotti: *The Train Journey: Transit, Captivity, and Witnessing in the Holocaust*. New York 2009.

10 Neil Levi / Michael Rothberg (Hg.): *The Holocaust: Theoretical Readings*. Edinburgh 2003, S. 24.

heit" – „Hier kann man sich an nichts erinnern" (30).[11] Die Betonung des Fehlens nicht nur von einer Zukunft, sondern auch von einer Vergangenheit, da ja jede Möglichkeit des Gedächtnisses zerstört wurde, definiert die Zeit des Romans als eine aufgehobene, geronnene Zeit.

Aber auch der Raum ist ein Nicht-Raum, weil er unbewohnbar geworden und gegen alles Menschliche grundsätzlich feindlich gesinnt ist. Die Reise, ein Wort, das im ganzen Roman hartnäckig wiederholt wird, wird von Anfang an als eine Figur für Vertreibung und Heimatlosigkeit definiert – „Du sollst nicht wohnen!", heißt es gleich auf den ersten Seiten (10). Die Welt der Erzählung erscheint um so gewaltsamer, weil sie auf der Grundlage der Verneinung von allem, was einst vertraut war, aufgebaut ist – die Ordnung der Dinge, das kleinste vertraute Detail wird verfremdet und nimmt einen feindseligen Charakter an, ein Vorgang, der nicht selten an Kafka erinnert. Die Figur der Umkehrung bekommt eine wesentliche Rolle im Roman, wie die Behandlung des zentralen Topos zeigt: die Reise ist nicht etwas, das die Figuren antreten, es ist umgekehrt etwas, das die Figuren geradezu überrumpelt und zu bloßen Objekten degradiert hat: „Nun sind wir nichts mehr als Werkzeuge einer endlosen Reise" (51).

Die Figur der Umkehr ins Negative als Sinnbild der totalen Objektivierung des Menschen bildet einen roten Faden, der den ganzen Roman durchzieht: der Mensch ist zum willkürlichen Objekt von Mächten geworden, die nicht durchschaubar sind. Die Figur des Verbots nimmt eine zentrale Stelle in diesem Zusammenhang ein:

> Es wurden die Wege verboten, der Tag wurde verkürzt, und die Nacht wurde verlängert, doch auch die Nacht wurde verboten, und der Tag war gleichfalls verboten. Die Geschäfte wurden verboten, die Ärzte, die Krankenhäuser, die Fahrzeuge und die Ruheplätze, sie wurden verboten, verboten. Die Wäschereien wurden verboten, die Büchereien wurden verboten, Musik wurde verboten, Tanzen verboten. Die Schuhe verboten. Baden verboten. Und weil es noch Geld gab, so wurde es verboten. Verboten wurde, was war und was werden konnte (27).

Die von Adler verfolgte Erzählstrategie ist höchst komplex: erzählt wird zum Teil in wechselnder Nähe und Distanz zum Geschehen durch die Stimme eines allwissenden Erzählers, welche oft als Bewusstseinsstrom dahinfließt, aber andererseits durchweg von einer polyphonischen Stimmenvielfalt durchkreuzt und unterbrochen wird, welche die genaue Identifizierung der jeweiligen Perspektive bzw. der jeweiligen Stimme zuweilen fast unmöglich macht. Eigentlich konstituiert sich der Text als Stimmen-Labyrinth, wo genaue zeitlich-räumliche Angaben fehlen, was einer referentiellen Lektüre grundsätzlich im Wege steht. Die polyphone Anlage der Erzählung und die ständige Brechung des Geschehens durch

---

11 Zitiert wird unter bloßer Angabe der Seitenzahl nach H. G. Adler: *Eine Reise. Roman.* Wien 1999.

Vision und Kommentar lassen das Bild einer phantasmagorischen Welt entstehen, welche als Ganzes – vom ins Dystopische gewendeten Topos der Reise auf den Begriff gebracht – sich als Sinnbild von radikaler Entwurzelung konstituiert und somit, im fiktionalen Bereich, den Holocaust, der als solcher nie benannt wird, als radikale Widerlegung jeder Möglichkeit des Sinns vor den Augen des Lesers als eine Folge von alptraumhaften Bildern entstehen lässt. Diese Strategie der Fiktionalisierung nimmt zuweilen groteske, surreale Züge an:

> Leitenberg ist verschwunden, aber kein Extrablatt hat es verkündet. Die letzte Nummer der „Leitenberger Tagespost" konnte nicht mehr ausgetragen werden. Die Heuschrecken haben das unmöglich gemacht. Es gibt keine Bezieher mehr, keine Inserenten. Geburtsanzeigen und Todesfälle werden nicht mehr veröffentlicht. Sogar das Fräulein in der Administration hat ihre Tätigkeit eingestellt und ist versteinert. Alles ist in langer Prozession auf die öffentliche Abfallstätte gewandert, doch die Heuschrecken wurden nicht von kirchlichen Würdenträgern begleitet. Sinnlose Beine mit Nasen sind hingehumpelt. Es war ein klägliches Hoppeln, links rechts, links – bumm (120).

Diese groteske Apokalypse, die aus einem Alptraumprotokoll entnommen zu sein scheint, ist ein drastisches Beispiel für Adlers Verfremdungstechnik, welche die Unfassbarkeit und Sinnlosigkeit des Geschehens als wesentliches Leitmotiv in den Vordergrund stellt. Der Begriff der Sinnlosigkeit ist natürlich ein zentraler Topos in der Holocaust-Literatur. In seinem klassischen autobiographischen Bericht *Ist das ein Mensch?* erzählt Primo Levi von einem Vorfall, der sich gleich nach seiner Einlieferung in Auschwitz abspielte und der eigentlich fast als Urszene für die gesamte Problematik von Verfolgung und Vernichtung im Holocaust aufgefasst werden kann. Da er vor Durst brennt, streckt er die Hand durch die kleine Luke in seiner Baracke aus, um – es ist Winter – einen Eiszapfen in den Mund zu nehmen. Dies wird von einem draußen positionierten Wächter verhindert, „uno grande e grosso", ein grossgewachsener, brutaler Mann. Auf Levis Frage „Warum?", antwortet er mit dem einfachen Satz, „Hier ist kein Warum".[12] Diese Szene enthält fast sinnbildhaft die wesentlichen bestimmenden Strukturelemente der Vernichtungslager: die Zurückweisung der natürlichen Folge von Frage und Antwort deutet auf das Versagen jeder Möglichkeit von Kommunikation und somit auf die völlig ausgesetzte Lage des Opfers. Wie Levi schreibt, wurden sich die Lagerinsassen gleich nach der Ankunft bewusst, „dass unsere Sprache keine Worte hat, die diesen Frevel, die Demolierung eines Menschen [,la demolizione di un uomo'], ausdrücken könnten".[13] Aber es handelt sich nicht nur um die Unzulänglichkeit der Sprache. Wie Levi weiter unten ausführt, sind die herkömmlichen Bedeutungen von Wörtern wie „Hunger", „Angst" oder „Schmerz" dem neuen, von absoluter Gewalt geprägten Zusammenhang vollkommen unan-

---

12 Primo Levi: *Se questo è un uomo*. Torino 1993, S. 25.
13 Ebd., S. 23.

gemessen – „hätte das Lager länger gedauert, so wäre eine neue, raue Sprache geboren worden".[14] Das ist aber nicht alles: ein stabiler Bezugsrahmen ist nicht mehr gegeben und die Lage des Opfers wird demgemäß von totaler Desorientierung zutiefst geprägt. Der völlig ausgesetzte Zustand des nackten Lebens, um Giorgio Agambens Begriff zu verwenden,[15] ist zur Wirklichkeit geworden.

Von solcher vollkommener Desorientierung und von solchem Ausgesetztsein handelt *Eine Reise*. Eigentlich könnte der Satz „Hier ist kein Warum" als Motto vor Adlers Roman stehen. Man höre die Anfangssätze der Erzählung:

> Niemand hat euch gefragt, es wurde bestimmt. Man hat euch zusammengetrieben und keine lieben Worte gesagt. Viele von euch haben versucht, einen Sinn zu finden, so wart ihr es selbst, die fragen wollten. Doch es war keiner da, der geantwortet hätte. „Muss es denn sein? Noch ein Weilchen... einen Tag... einige Jahre... Wir hängen am Leben." Aber es war still, nur die Angst sprach, die konnte man nicht hören (9).

Die von einem Text wie *Eine Reise* gelieferte spezifische Antwort auf die Frage der Krise der Repräsentation erfolgt durch die subversive Aneignung eines zentralen Topos der Literatur der Moderne, des Topos der Reise. Dadurch wird die mit der Einsicht in den unheilbaren Bruch des Nazi-Genozids einhergehende Kritik der Moderne bis zum äußersten Punkt getrieben. Wie bereits angedeutet, läuft Adlers Roman auf einen radikalen Standpunkt hinaus, der sehr wohl in Zusammenhang mit Adornos und Horkheimers *Dialektik der Aufklärung* gebracht werden könnte; es genügt, auf die Stelle über das Krematorium hinzuweisen, die an die Beschreibung des Hinrichtungsapparats in Kafkas „In der Strafkolonie" erinnert:

> Das Krematorium ist praktisch und hygienisch. Es ist eine der schönsten und nützlichsten Erfindungen der Neuzeit, das Geist nicht allein, sondern das verfeinerte Empfinden eines gebildeten Herzens ersonnen hat, um schnell zu machen, was getan sein muss, und um den Totengräbern viel Arbeit zu ersparen. Die Öfen können mit Öl gespeist werden, doch beim heutigen Stande der Wissenschaft empfiehlt sich eher die Erhitzung mit elektrischem Strom (210–211).

Nichtsdestoweniger gewährt *Eine Reise* Raum für einen flüchtigen utopischen Blick oder wenigstens für die Möglichkeit der Zukunft. Am Ende der Erzählung möchte Paul, die einzige überlebende Figur, „die Reise weiter wagen", er hat „sich der Hand des Lebens überwiesen" (303). Es handelt sich um einen prekären Wunsch und ein prekäres Romanende: der Sinn der Reise wird in eine folgerichtige Temporalität wieder integriert, aber die gewaltsame Umkehrung des Reisetopos im ganzen Roman kann nicht einfach ausgelöscht werden und bleibt als Chiffre einer nie zu heilenden Wunde notwendig bestehen. So darf das von Elias

---

14 Ebd., S. 110.
15 Vgl. Giorgio Agamben: *Homo sacer. Il potere sovrano e la nuda vita*. Torino 2005.

Canetti in einem Brief an Adler ausgesprochene Lob, dieser habe „die Hoffnung in die moderne Literatur wieder eingeführt", zweifellos mit einem großen Fragezeichen versehen werden.

Es gehört zum dystopischen Bild der Reise im Roman, dass auch die Möglichkeit der Erinnerung ausgelöscht wurde: „Hier kann man sich an nichts erinnern" (30). Die Frage der Erinnerung wird auf subtile Art und Weise vom Roman auf verschiedenen Ebenen gestellt, indem durch gelegentliche proleptische Ausblicke ein behutsames Spiel mit verschiedenen Zeitlichkeiten getrieben wird. Die erzählte Zeit wird von einer zukünftigen Zeit durchkreuzt:

> Das Grinsen bleibt unvergesslich, es hat alle Müdigkeit überdauert und begann schon in den zerstörten Wohnungen. Eigentlich waren die Wohnungen gar nicht zerstört, noch waren sie in ordentlichen Häusern unter unbeschädigten Dächern bestellt. Im Stiegenhaus haftete der eingebeizte Geruch, der jedem Hause seine unverlöschliche Eigenart verleiht, solange es steht (9).

Die Zukunft, die hier durchschimmert und in der auch die Häuser, die bleiben, während ihre Bewohner gewaltsam entfernt wurden, der Zerstörung anheimfallen werden, ist alles andere als die Überwindung der schlechten Gegenwart der Reise. Eine andere Stelle im Roman macht dies überdeutlich: die Darstellung des Besuchs einer Schulklasse im Museum für Geschichte erlaubt es, die grundsätzliche Gedächtnislosigkeit jener Zukunft zu beleuchten:

> Bleibt einmal stehen, seid schön artig, liebe Kinder, und passt auf, was ich euch erzählen werde! Das was hier ist, war einmal. Diese Frau hat einst gelebt. Wir wissen eigentlich nichts von ihr, aber ist es nicht wunderbar, dass wir nun doch von ihr so manches wissen, weil die Wissenschaft schon so fortgeschritten ist? [...] Da schaut nur mal hierher! Das sind die Schuhe, die diese Frau getragen hat. Sie sind aus Leder. Wie gut sie noch erhalten sind! (172–73)

Wenn das Leiden und die Vernichtung von Menschen zum bloßen musealen Gegenstand eines exotisierenden Blickes geworden sind, dann wird die düstere Perspektive jener Reise bestätigt, die eine Reise in die Sinnlosigkeit und in das Schweigen bedeutet. Die ganze Debatte über Gedächtnis und Postgedächtnis und über die Ethik und Politik von Gedächtnis könnte von diesem Punkt ausgehend aufgerollt werden. Ich begnüge mich damit, kurz zu meiner Anfangsfrage zurückzukehren: die exzentrische Stellung H. G. Adlers im Kanon der Holocaust-Literatur ist in wesentlichen Aspekten darauf zurückzuführen, dass seine Antwort auf die Frage nach der Darstellbarkeit von absoluter Gewalt zwar eine grundsätzlich bejahende ist, aber diese Darstellung – sei es auf der wissenschaftlichen, sei es auf der essayistischen oder literarischen Ebene – nur möglich erscheint, wenn der Zeuge als leidendes Subjekt zurücktritt und Formen der Objektivierung seiner Erfahrung findet bzw. erfindet. Diese Überzeugung teilt

Adler übrigens mit anderen führenden Vertretern der Holocaust-Literatur. Bei Imre Kertész z. B. kann man folgende Sätze lesen:

> Das war es wohl, was ich wollte, ja, zwar nur in der Phantasie und mit den Mitteln der Kreativität, aber ich wollte Macht über die Wirklichkeit gewinnen, die mich ihrerseits – sehr wirksam – in ihrer Macht hatte. Ich wollte aus meinem ewigen Objekt-Sein zum Subjekt werden, wollte selbst benennen, statt benannt zu werden.[16]

Ähnliche Gedankengänge findet man unter anderen bei Jorge Semprún[17] oder auch, in anderer Form, bei Primo Levi. Die notwendige Schlussfolgerung liegt auf der Hand: bei H. G. Adler wie bei anderen Holocaust-Überlebenden sind die Umbrüche der Erinnerung auf das wesentliche Ziel der Überwindung des Opferstatus und der Wiedergewinnung von, im wörtlichen Sinne, Autorität ausgerichtet. D. h. auf das Ziel des, wenn auch höchst prekären und stets gefährdeten Sieges über die Maschinerie des Vergessens, als wesentliche Komponente der Vernichtungspolitik des III. Reiches.

---

16 Imre Kertész: Der Holocaust als Kultur. Zum Jean Améry-Symposium in Wien 1992. In: Imre Kertész: *Eine Gedankenlänge Stille, während das Erschießungskommando neu lädt. Essays.* Reinbek bei Hamburg 2002, S. 61. Ähnliche Überlegungen liegen den anscheinend paradoxen Sätzen von Kertész zugrunde: „Das Konzentrationslager ist ausschliesslich in Form von Literatur vorstellbar, als Realität nicht. (Auch nicht – und sogar dann am wenigsten –, wenn wir es erleben.)". Imre Kertész: Wem gehört Auschwitz? Ebd., S. 146.

17 In *Schreiben oder Leben* z. B. behauptet Semprún mit ausdrücklichem Bezug auf die Polemik um die Darstellbarkeit des Holocaust, es handle sich eigentlich nicht darum, dass die Erfahrung der Vernichtungslager unsagbar wäre, sondern schlicht darum, dass sie unlebbar war. Vgl. Jorge Semprún: *L'écriture et la vie.* Paris 1994, S. 23.

„Bruno's Pyre and Einstein's Time"
Yvan Golls „Atom Elegy" und der Reismus

Robert Vilain

Yvan Goll war ein zweisprachiger Lyriker, Dramatiker, Romanautor, Journalist, Redakteur, Übersetzer und Opernlibrettist. Er beteiligte sich an einer Vielzahl von Avantgarde-Bewegungen, wie dem Expressionismus, Kubismus, Surrealismus (von welchem er mit Recht behaupten konnte, ihn noch kurz vor André Breton gegründet zu haben), Orphismus und dem „Zenitismus" (den er in den frühen 20er Jahren mitbegründete). Und obwohl er innerhalb der meisten dieser Bewegungen eher eine Randfigur war, ist Goll nichtsdestotrotz faszinierend als ein Vermittler, sich beständig selbst erneuernd und durchweg experimentell. Ebenso wie Hans Arp und René Schickele war er vollkommen zweisprachig in Französisch und Deutsch, und ein prägendes Merkmal seiner Arbeit ist ihre Vielfalt von ostentativen nationalen und kulturellen Kontexten. Sein *magnum opus* ist der umfangreiche Gedichtzyklus *Jean sans Terre* oder *Johann Ohneland*, den er in den 1930er Jahren konzipierte und der periodisch erweitert wurde, bis wenige Jahre vor seinem Tod im Jahre 1950. Er war Jude, Lorrainer, Berliner, Pariser und nachdem er 1939 ins Exil ging, auch New Yorker; er sah sich selbst als Europäer im Herzen, aber starb mit einem amerikanischen Pass.

Goll ist auch einer der seltenen Beispiele eines Schriftstellers, dessen posthumer Ruf unnötig und, wie es manchmal scheint, fast irreparabel beschädigt worden ist und zwar von seinen glühendsten Verehrern. Die bloße Erwähnung von Golls Namen löst Assoziationen mit der sogenannten „Goll-Affäre" um Paul Celan aus, der lange brodelnden Kampagne, welche 1960 einsetzte, als Golls Witwe eine falsche Plagiats-Beschuldigung gegen Celan in einer Münchner Zeitschrift, dem *Baubudenpoet*, aussprach und welche, wie einige behaupten, 1970 mit dem Selbstmord von Celan endete. Golls Werke, zumindest in den Ausgaben, die von seiner Witwe Claire aus dem *Nachlass* veröffentlicht wurden, sind bestenfalls textlich unzuverlässig, im schlimmsten Fall ein Sammelsurium aus ihrer Arbeit und seiner. Beide Sammelausgaben, sowohl die französische, als auch die deutsche, die 1960 und zwischen 1968–1970 erschienen, sind fehlerhaft.[1] Eine vierbändige Ausgabe von Golls Lyrik aus den 90er Jahren, basierend auf den

---

1   Yvan Goll: *Dichtungen: Lyrik, Prosa, Drama*, hrsg. von Claire Goll. Darmstadt, Berlin & Neuwied 1960; *Œuvres*, hrsg. von Claire Goll und François Xavier Jaujard, 2 Bde. Paris 1968–70.

ersten Publikationen, Typoskripten und Manuskripten, ist erheblich vertrauenswürdiger, wenn auch weder mit kritischem Apparat noch mit Kommentar versehen.[2]

Dieser Aufsatz widmet sich anderen Aspekten von Golls Karriere, nämlich der Dichtung der späten 1940er Jahre, in Amerika und Kanada geschrieben, auf Französisch, Deutsch und Englisch. In seiner ausführlichen Studie zum Multilingualismus in der Dichtung seit dem 17. Jahrhundert, kam Leonard Forster zu dem Schluss: „Goll is that rare thing, a truly equilingual poet" (wo „equilingual" als „with equally complete control of two languages as mother tongues" definiert wird).[3] Das gilt für Französisch und Deutsch, für Englisch jedoch nicht, obwohl Yvan und seine Frau Claire 1939 in die USA emigrierten, um der Verfolgung durch die Nazis zu entgehen. Dort begann Goll auch auf Englisch zu dichten, was Siegbert Prawer dazu brachte, ihn als „the first truly international poet" zu bezeichnen.[4] Für einen wenig bekannten Schriftsteller sind dies keine unbedeutenden Behauptungen, sogar wenn sie nichts Wesentliches über seine literarische Arbeit an sich aussagen. Es ist der „internationale" Dichter, der im Mittelpunkt dieses Aufsatzes steht, neben einer Konstellation von internationalen Ereignissen in den Jahren 1945 und 1946, Golls einziger Sammlung von Gedichten auf Englisch und einem neuen dichterischen Manifest, einer „neuen Poetik" des Reismus.

Der Band englischer Gedichte heißt *Fruit from Saturn* und das erste Gedicht darin – „Atom Elegy" – bezeichnet Prawer als „the first poem of any that tries to come to terms with one of the greatest themes of our time."[5] Das Gedicht erschien zunächst in der letzten Nummer von Golls eigenem Journal *Hémisphères/Hemispheres* zu Beginn des Jahres 1946, und als es später im selben Jahr in *Fruit from Saturn* aufgenommen wurde, wurde es durch fünf weitere Gedichte auf Englisch ergänzt, die zu einem gewissen Grade Varianten oder revidierte Fassungen von neuesten Werken auf Französisch sind.[6] Am 16. Juli 1945 ebnete in der Jornada del Muerto Wüste in New Mexico der erste Test einer Plutonium-Implosionsbombe den Weg für die Atombombe. Am 6. August 1945 explodierte die

---

2   Yvan Goll: *Die Lyrik in vier Bänden*, hrsg. von Barbara Glauert-Hesse. Berlin 1996.
3   Leonard Forster: *The Poet's Tongues: Multilingualism in Literature*. Cambridge 1970, S. 81. Vgl. auch meinen Aufsatz „,Orpheus' Unterschrift faksimiliert'? Yvan Goll's Bilingualism and *Der Panama-Kanal*", in *Yvan Goll – Claire Goll: Texts and Contexts*, hrsg. von Eric Robertson und Robert Vilain. Amsterdam 1997, S. 43–68. Forsters Vorstellung von „equilingualism" entspricht keineswegs dem deutschen Terminus „Gleichsprachigkeit" und wird von Sprachwissenschaftlern nicht anerkannt.
4   Siegbert Prawer: ‚Jewish Contributions to German Lyric Poetry', *Leo Baeck Institute Yearbook, 8.1 (1963)*, 149–170, hier S. 166.
5   Ebd.
6   Yvan Goll: „Atom Elegy", *Hemispheres/Hémisphères*, 2.6 [1946], 14–16; *Fruit from Saturn: Poems*. Brooklyn, New York 1946, S. 11–21; auch in *Die Lyrik* (Anm. 2), IV, 287–289.

erste Atombombe über Hiroshima, von einer anderen am 9. August über Nagasaki gefolgt. Fotos von den Städten wurden im *Life Magazine* am 20. August 1945 veröffentlicht. Terminus ante quem für das abgeschlossene Gedicht ist November 1945.[7] Dies ist der unmittelbare Kontext von „Atom Elegy" und der Impuls für einen paradigmatischen poetischen Wandel, den Goll für die moderne Lyrik darlegen will.

Obwohl die Anspielung auf den Planeten Saturn im Titel der Sammlung vor einem zum Teil recht erlesenen literarischen Hintergrund gelesen werden kann, die von Voltaires *Micromégas* bis Arthur C. Clarkes *2001: A Space Odyssey* reicht, evoziert *Fruit from Saturn,* weder exotische Raumfahrtsvorstellungen, noch etwa dasselbe wie Paul Verlaines *Poèmes saturniens* von 1886. In dieser Gedichtsammlung, die eine Übergangsphase in der französischen Lyrik vom Parnaß zum Symbolismus markiert, dient Saturn hauptsächlich als das Zeichen von Melancholie – eine Assoziation, die von mittelalterlicher Astrologie und jener der Renaissance abgeleitet wird. Goll ignorierte diesen Aspekt keinesfalls, aber sein Saturn reicht mit seiner Semantik weiter zurück in die Antike, als Saturn noch als Gott der Landwirtschaft und Fruchtbarkeit galt, im Dezember mit ausschweifenden, karnevalistischen Feierlichkeiten und Schmausereien angebetet. Gleichzeitig aber war Saturn ein Symbol der Sicherheit, Ordnung und Autorität und dieses Paradoxon erwies sich als fruchtbar für Goll. In der antiken Kosmologie herrschte Saturn über Leben und Tod, und als Verkörperung der Zeit, vereinte dieser Planet den Tod mit der neuen Geburt.[8] Am kabbalistischen Lebensbaum ist Binah, das dritte der zehn Sephiroth (oder göttlichen Emanationen) mit Saturn verbunden, wie aus einer Zusammenfassung in einer unbetitelten Schrift R. Yohanan Alemannos aus dem 15. Jahrhundert zu entnehmen ist:

---

7   In einem Brief an Salvador Dalí vom 21. November 1945 schreibt Goll, „Je viens justement d'écrire un poème „Lilith", et un autre poème „Atom Elegy" où il y a cette atmosphère, atomica melancolica de votre tableau" und „J'allais justement publier une plaquette „Atom Elegy" (écrite en anglais) avec des reproductions de dessins de l'ancienne Magie. Mais si mes vers vous inspirent, je pourrais utiliser quelques uns de vos dessins?" Sammlung Goll, Saint-Dié-des-Vosges, 540.315[3], von Jean Bertho in seinem Blog „Correspondance des Goll" veröffentlicht (http://gollyvanetclaire.canalblog.com/). Dalís Bild *atomica melancolica* wurde ab 20. November 1945 in der Galerie Bignou, New York, ausgestellt; Goll wollte offensichtlich die Gunst der Stunde ausnutzen, um einen bedeutenden Illustrator für sein Werk zu gewinnen.

8   „The ruler of life and lord of death", er symbolisierte „le Grand Destructeur qu'est le Temps, donc aussi bien la mort (= Putrefactio) que la nouvelle naissance". Mircea Eliade: *Forgerons et alchimistes*. Paris 1956, S. 117. Vgl. Vivien Perkins: *Yvan Goll: An Iconographical Study of his Poetry*. Bonn 1970, S. 117.

> Die dritte [Sphäre] ist die des Saturn [...] er ist erhaben und vornehm, höher als alle anderen Planeten. [...] Der Engel Saturns ist Michael, der große Fürst, so genannt wegen seiner großen Macht in göttlichen Dingen, und er ist der Dienstengel Israels. Und die Astrologen, die Saturn beschrieben, sagen, daß er den Menschen tiefgründiges Denken, Recht, spirituelle Wissenschaften, Prophetie, Zauberei, Voraussagungen der Zukunft [...] schenkt. [...] Er beschäftigt sich ausschließlich mit Denken, Verstehen und Einsicht, esoterischem Wissen und Gottesverehrung und Seiner Tora. Der Tag des Schabbat ist seiner Macht unterworfen, denn seine Natur verursacht die Auflösung des Materiellen [...] und alle Handlungen, die nicht mit ihm in Einklang stehen sind [am Schabbat] verboten, weil er [auf alle Arten] der Vernichtung verdirbt und zerstört. [Feuer] sollte in seinem Bereich nicht entzündet werden, denn er ist kalt [...] und wenn sie sich an seine geistigen Regeln und Gesetze halten, wird sich ein geistiger Strom großen Ausmaßes über sie ergießen.[9]

Die Verbindung von Binah und Saturn wird mit der Einschränkung und Fokussierung von Energie und schließlich auch mit Geburt und Tod verbunden:

> Binah's mundane chakra is Shabatai, Saturn, [which] for all its mythological background, is essentially feminine in its function. Astrologically the planet represents the principle of restriction and limitation. It compresses and contains, giving structure and form where once there was only potential. The processes involved are those of contraction and encapsulation, followed by a focusing and directing of otherwise uncontrolled energies. [...]
>
> Saturn has traditionally been associated with death and was known [...] as the ‚Greater Malefic' [...]. With the attribution of Saturn we find a link with Binah as the gateway of birth, for in that capacity she is also the gateway to death. As it is said, ‚all that liveth hath its term', it is clear that that which chooses to incarnate chooses also to experience death. In Binah the first steps are taken on the road to eventual incarnation in Malkuth, one of whose titles is indeed ‚The Gate of Death'.[10]

Die Frucht des Saturn ist demnach also sowohl die Geburt als auch der Tod. Mittelalterliche Alchemisten verbanden Saturn mit dem Element Blei, jener Substanz also, welche in dem Prozess, der als *opus magnum* oder großes Werk bekannt war, in Gold transformiert werden sollte. Dies ist der *physikalische* Prozess, der den Versuch begleitete, eine innere Transmutation zu erreichen, ein tiefgründiges, *spirituelles* Verstehen des ganzen Universums; in Verbindung miteinander erreichen diese beiden transformativen Prozesse das „lapis philosophorum", den Stein der Philosophen oder Stein der Weisen, der sowohl als mystisches Symbol, als auch als physikalisches Objekt zu verstehen ist.

Goll selbst hinterließ eine Notiz, die zeigt, wie diese komplexen, traditionellen Assoziationen in den Impetus seiner neuen Poetik einflossen: „Saturne des Alchimistes. Avec la libération de l'atome on rejoint le rêve des anciens à trans-

---

9 Zitiert nach Moshe Idel: „Saturn, Schabbat, Zauberei und die Juden", in *Der Magus: Seine Ursprünge und seine Geschichte in verschiedenen* Kulturen, hrsg. von Anthony Graften und Moshe Idel. Berlin 2001, S. 209–250, hier S. 227–228.
10 John Bonner: *Qabalah: A Magical Primer*. Boston 2002, S. 90.

former le plomb en or, mais à la place de l'or, on a trouvé l'énergie",[11] womit die zugrundeliegende Thematik des Gedichts angesprochen wird.

> I.
>
> Thus the promethean spark returns
> To its dismantled fount
>
> In pitchblende orchards grew the holy fruit
> Sweet atom fissioned in its foetal center
> To fate's twin death-birth
>
> High frequency of wrath
> Has made rock run like oil
> Steel boil to vapor
>
> Atomic deity
> Bombard my heart at will
> With neutrons of your truth
> Transform my eyes to yellow nitric stars
> I secretly accept with wisdom of the dove
> My death and resurrection[.]

Die erste Zeile führt uns zurück zur antiken Mythologie. Der Raub des himmlischen Blitzes von Zeus, um der Menschheit Feuer zu beschaffen, ist eine kühne Errungenschaft, obwohl das Feuer hier *zurückkehrt*, zu einer „dismantled fount", was darauf hindeutet, dass die Menschheit die wahre Trägerin des Feuers wäre, wenn auch gebrochen und verschlissen. Später wird Goll seine mythologischen Hinweise erweitern; er beschreibt die Bombe selbst als „the protean cradle", wobei er die Wandelbarkeit als Quelle einer unbegrenzten Kraft identifiziert. Das Atom ist „sweet", die heilige Frucht der Obstgärten der Pechblende: Uranpecherz war die Quelle des Urans für die Atombombe und Goll hat offenbar die Grundlagen des Prozesses aus Zeitungsartikeln assimiliert.

Die Spaltung des Atoms in zwei Teile nach einem Beschuss von Neutronen wird mit der Teilung einer einzelnen Zygote (dem „foetal center") in zwei Embryos verglichen. Der Vergleich funktioniert nur so weit, da ja embryologisch nichts stirbt, während die „twin death-birth" einer nuklearen Spaltung die Zerstörung des Atoms erfordert, um die Energie freizusetzen oder zu „gebären". Diese Energie wird in dem Verdampfen von Stahl und dem quasi-vulkanischem Schmelzen von Gestein geäußert, eine interessante Kombination von Menschgemachtem und Natürlichem. Es besteht auch eine andere zentrale Spannung,

---

11   Zitiert nach Perkins: *Yvan Goll* (Anm. 8), S. 76.

diejenige zwischen dem Externen und dem Internen, der Welt und dem Selbst, als Golls „Ich"-Figur bereitwillig den gewaltsamen Angriff der Wahrheit empfängt, der zu seinem „death and resurrection" führen wird, oder mit anderen Worten, physische Vernichtung geht spiritueller Wiedergeburt voraus.

Diese Paarbildung und der symbolische Gebrauch der „Taube" sind offensichtlich christlich in ihrer Inspiration: trotz des Umstandes, dass Goll jüdisch war und in erster Linie an jüdischer Mystik und Theologie interessiert war, setzte er seine Bildsprache oft in christliche Kontexte. Die Zeile „Atomic deity / Bombard my heart at will" weist eine verblüffende Ähnlichkeit mit dem 14. von John Donnes *Holy Sonnets* auf:

> Batter my heart, three-person'd God; for you
> As yet but knocke, breathe, shine, and seek to mend;
> That I may rise, and stand, o'erthrow mee,'and bend
> Your force, to break, blowe, burn, and make me new.[12]

Man kann nicht mit Sicherheit behaupten, Goll habe John Donnes Gedicht gekannt – obwohl das durchaus möglich ist: der Vergleich soll vorerst zeigen, dass das Bild des Bombardierens eine belegbare poetisch-theologische Vorgeschichte besitzt. Diese Prozesse widerspiegeln auch den simultanen Ablauf von äußerlichem und innerlichem Wandel in dem alchemistischen Prozess, welcher in einem hermetischen Gefäß geschieht, ähnlich wie in einer Bombe, beziehungsweise dem komplementären Prozess von „Putrefaktion" und „Sublimation" in dem „Großen Werk". Die Kernspaltung wird mit einem Prozess der spirituellen Regeneration verglichen.

Im zweiten Teil des Gedichtes wird dieselbe Kombination aus physikalisch und spirituell wiederholt: die „verrückte Seele" – oder das Symbol der verlorenen Illusion – muss zerschlagen werden. „Inhuman energy" aus der „atomischen Gottheit" produziert eine „new nativity" durch den Prozess des „unlocking".

> II.
>
> The ray of rays shatters my insane soul
> And feeds me with inhuman energy
>
> O new nativity in the protean cradle
> O death festival for the old sore thighs of earth

---

12 John Donne: *The Divine Poems*, hrsg. und mit einem Kommentar versehen von Helen Gardner. Oxford 1959, S. 11 (wo die Herausgeberin eine andere Nummerierung der Gedichte bevorzugt).

> Unlocking the concentric love
>
> The Tree of Science saturn-blossoming
> Enhances the real trinity
>
> Spiritual rose from aged centuries
> The master wheel among the world of wheels
> This rose was light
> This rose was round
> As is the rose of universe
> As is my eye in which all eyes are hidden
> Round as the dew
> Round as my head
> In which the stars of million atoms ripen[.]

Die neue Geburt ist das atomare Zeitalter, ein neu erblühendes Zeitalter einer kraftvollen Wissenschaft und das „death festival" entspricht dem zeremoniellen Abschweifen, weg von der alten Ordnung. Die veraltete Dreifaltigkeit von Vater, Sohn und heiligem Geist wird ersetzt durch die alchemistische Dreiheit von Salz, Schwefel und Quecksilber, die die Festigkeit, die Entflammbarkeit und die Schmelzbarkeit oder Unbeständigkeit symbolisieren und hier auf den Prozess der atomaren Teilung weisen, wie in der letzten Zeile des zweiten Teils angedeutet wird.[13] Schließlich hat „the real trinity" hier eine zusätzliche Bedeutung: der Name, den die Test-Explosion in New Mexico trug, war ebenfalls „Trinity", auf den Vorschlag von Robert Oppenheimer hin.

Teil III beginnt mit einem Verweis, der auf den ersten Blick eine christliche Dimension des Gedichtes nahelegt: „In the beginning was the word", aus dem Evangelium des Heiligen Johannes.

> III.
>
> In the beginning was the word
> In the beginning was the number
>
> The word: prime essence out of which
> Through seven thousand nights of labor
> The Kabbalist compounded seventy names of God

---

13 In dieser Hinsicht weicht meine Interpretation von Vivien Perkins' Auslegung ab (Vgl. *Yvan Goll* (Anm. 8), S. 75–82): der Kontext (d. h. Bilder der Zirkularität) legt nahe, dass der Vergleich nicht zwischen der Struktur des Atoms und derjenigen eines Sterns gezogen wird, sondern mit der Bewegung der Elektronen um den Kern, oder sogar dass die Explosion des Atoms selbst mit der Entstehung eines Sterns verglichen wird.

> The word: the Guide to the Perplexed
> Out of the coal of memory
>
> The element of elements
> Poured in the mental furnace
>
> O to the music of the withering stars
> To the delirium of pregnant gongs
> Out of my algebraic dreams
> And old old fears
> Dance: my beloved atom
> Transfigured carnotite[.]

Hier wird das Zitat jedoch mit „in the beginning was the number" abgeschlossen und der Definition von „word" als „prime essence", was mehr auf einen kabbalistischen Kontext hindeutet. Goll erläutert „The Kabbalist" in einer Notiz am Ende des Bandes: „Abraham Abulafia, born 1240 in Saragossa, who called himself Raziel [and] sought to achieve the highest degree of perception by the close study of the names of God, through the symbolical employment of letters and numerals".[14] In seiner Jugend hatte er das Hauptwerk eines Gelehrten aus dem späten 12. Jahrhundert studiert, Maimonides' *Führer der Unschlüssigen* (*The Guide for the Perplexed*) – im Gedicht steht „Guide to" und die Notiz hat „Guide of", was darauf hindeutet, dass Goll hier mehr auf diese Werke vage anspielt als spezifisch verweist. Das könnte dadurch bestätigt werden, dass die kabbalistische Tradition gewöhnlich 72 Namen Gottes zählt, statt 70. Diese sind enthalten in der Formel, mit der im Zweiten Buch Mose (14: 19–21) der Prophet Mose das Rote Meer teilte. Jeder Vers hat 72 Buchstaben, die ihrerseits kombiniert werden können, um 72 Namen zu formen. Die daraus entstandene Permutationen werden Shem ha-Mephorasch genannt, und dieses Kombinationsverfahren soll nach dem Buch *Sefer Yetzirath* genau der Prozess sein, durch den die Welt geschaffen wurde.

Es gibt eine weitere Dimension dieses Schöpfungsaktes. Die Kabbalisten mit den Alchemisten verbindend, sieht Goll die Welt als „the element of elements / Poured in the mental furnace": er legt nahe, dass das bloße Blei des gewöhnlichen Wortes umwandelbar ist in dem unaussprechbaren Namen Gottes (in der Kabbalah), in den Stein der Weisen (in der Alchemie) und auch in der poetischen Wahrheit (im Gedicht). Echos von früheren Anspielungen kommen nun dicht und schnell: „withering stars" erinnert an den Prozess der Verwesung und die destruktiven Elemente der Teilung; „pregnant gongs" bringt den embryologischen Vergleich von Teil I zurück ins Gedächtnis; „algebraic dreams" spricht beide an, sowohl die Kabbalah

---

14 Yvan Goll: *Die Lyrik* (Anm. 2), IV, S. 301. Obwohl Perkins behauptet, dies sei eine unveröffentlichte Notiz (*Yvan Goll* (Anm. 8), S. 79), befindet sich diese Erklärung in der Erstausgabe von *Fruit from Saturn* (Anm. 6), S. 51.

als auch die moderne Wissenschaft, und „carnotite" ist ein weiteres radioaktives Erz von Uran. Diese werden in einem tanzartigem Wirbel kombiniert, welcher die Beschreibung ekstatischer Poetikkompositionen in Rimbauds *Illuminations* abruft: „J'ai tendu [...] des chaînes d'or d'étoile à étoile, et je danse".[15]

Geburt ist ein kraftgeladenes Bild in diesem Gedicht. Im 2. Teil kam das grafische Bild von den „old sore thighs of earth" vor, die auf die alte Ordnung verweisen, wo die Erde Mutter früherer Kinder war, aber längst nicht mehr fruchtbar ist. Im 3. Teil ist im Bild von den „pregnant gongs" das Potential einer neuen Generation enthalten, was auch in den „seven thousand nights of labor" angedeutet wird, denn „labor" bedeutet sowohl die Geburtswehen als auch die Anstrengungen eines Gelehrten. In Teil IV vereint die außerordentlich dichte Phrase „the 10 numbers sprang from Adam's forehead" die Zahl 10 (Symbol der Sephiroth oder der 10 Emanationen der Unendlichkeit durch welche sich Gott selbst offenbart) mit dem jüdisch-christlichen Schöpfungsmythos in der Person des Adams, und mit einem Bild der Herkunft des Krieges selbst – nämlich die Geburt der Göttin Athene in voller Rüstung aus der Stirn des Zeus. In dem Buch Genesis entsteht Eva aus Adam, eher aus seiner Rippe als aus seiner Stirn, aber dort trifft man trotzdem auf ein anderes Bild der Teilung-als-Geburt. Nach Aussagen der Kabbalah ist Adam Qadmon der ursprüngliche Mensch, der die Eigenschaften der zehn Sefirot durch seine Körperteile symbolisiert.

> IV.
>
> The Divine Garment clothed my blandished thighs
> Against the holy beasts and the mad angels
>
> And the 10 numbers sprang from Adam's forehead
> The spheric fruit of the Sephiroth
> Became the emblems of his crown
>
> The cipher: birthplace of the sphinx
> Memorial of prenatal dawns
>
> Past Delphi's tripod and cathedral domes
> Pythagoras' revolving harmonies
> Past Bruno's pyre and Einstein's time
> Riding the wheel
> The 10 again in sweet uranium 235
> The seven-colored ray
> Bursting from dying Self
> The Infinite raped in Alamogordo[.]

---

15 Arthur Rimbaud: *Œuvres complètes*. Paris 1972, S. 132 (aus „Phrases").

Das Antike und das Christliche treffen wieder aufeinander in der Verknüpfung von „Delphi's tripod and cathedral domes" (wo nicht übersehen werden soll, dass Delphi sowohl Athene als auch Apollo geweiht ist).

Der Verweis in dem vorangegangenen Abschnitt des Gedichts auf den Geburtsort der Sphinx mag eine Anspielung auf eine noch frühere Kosmologie sein, und zwar auf das geozentrische Modell von Ptolemäus, denn Schlüsselabschnitte der Entwicklung der Kosmologie werden jetzt stichwortartig aufgerufen. Zuerst kommt eine Anspielung auf die Sphärenmusik („Pythagoras' revolving harmonies"), den Glauben nämlich, dass Planeten sich in mathematischen Proportionen bewegen, die sich harmonisch äußern (man denke auch an die „music of the withering stars" in Teil III). Für die Pythagoreer bestand das Sonnensystem aus 10 Sphären, die um ein Zentralfeuer kreisten.[16] Die symbolische und religiöse Bedeutung dieser Zahl im pythagoreischen System reicht viel tiefer:

> If we construct a triangle beginning with one by adding successive integers, the first four numbers give us the figure that the Pythagoreans call *tetractus* (fourness), since the number four is represented by all three sides of an equilateral triangle. [...]

> [This pattern] includes within itself [...] all three musical ratios: 2:1, 3:2 and 4:3, as successive pairs of lines beginning from any vertex. [...] The four integers represented in the *tetractus* have as their sum the number that the members of the order regard as perfect: $1 + 2 + 3 + 4 = 10$. For the Pythagoreans, then, the *tetractus* is a complete symbol for the musical-numerical order of the cosmos.[17]

Das so entstehende Dreieck ist vielleicht auch mit „Delphi's tripod" in der vorangehenden Zeile zu identifizieren.

Giordano Bruno wurde 1600 wegen seiner ketzerischen Ansichten über die heliozentrische Struktur des Kosmos am Marterpfahl verbrannt.[18] Albert Einstein lehnte die absolute Natur der Zeit im Bezug zum Raum ab. Im August 1939 unterzeichnete er einen Brief an den amerikanischen Präsidenten Franklin D. Roosevelt, der diesen überzeugte, zusätzliche Mittel für das Manhatten-Projekt, d.h. die Entwicklung der Atombombe, bereitzustellen. Das Netzwerk der Anspielungen zementiert sich im letzten Abschnitt dieses Teils, mit der Nummer 10: zehn ist die Summe der Ziffernwerte im Namen der Isotope von Uran, die gebraucht wurde, um die Bombe zu produzieren (Uran 235); und der Zehnte von

---

16   Walter Burkert: *Lore and Science in Ancient Pythagoreanism*. Cambridge, MA 1972, S. 39.
17   Charles H. Kahn: *Pythagoras and the Pythagoreans: A Brief History*. Indianapolis 2001, S. 31–32.
18   Vgl. Frances Amelia Yates: *Giordano Bruno and the Hermetic Tradition*. London 1964.

den Großen Arkana oder Trumpfkarten im Tarot ist das Rad des Schicksals: auf dieses bezieht sich auch „riding the wheel". Es spiegelt die Bilder der Zirkularität in dem zweiten Abschnitt des Gedichtes wieder, und in aller Wahrscheinlichkeit auch die Schlange, die sich in den eigenen Schwanz beißt, den „Ouroboros", Symbol der ewigen Wiederkehr und Wiedergeburt aus dem Tode. Carl Jung, dessen Werke Goll gut kannte, sah den Ouroboros als „a dynamic symbol for the integration and assimilation of the opposite, i. e., of the shadow. [...] He symbolizes the One, who proceeds from the clash of opposites, and he therefore constitutes the secret of the *prima materia*".[19] Der Ouroboros ist vom Ursprung her ägyptisch und dort steht er für eine vor-einsteinsche Verschmelzung oder Fusion von Zeit und Raum, Ganzheit und Unendlichkeit.[20]

Goll beschwört das Schicksalsrad in diesem Teil der Dichtung herauf: das Bild impliziert eine absteigende Flugbahn, die die aufwärtige ergänzt, und hier fängt tatsächlich die expressive Bewegung des Gedichtes an abzusteigen. Laut Perkins, „the negative and destructive aspects of the new advance now begin to attract [Goll's] attention".[21] Dieser Schluss wird hauptsächlich mit der Beschreibung der ersten nuklearen Explosion als „The Infinite raped in Alamogordo" begründet. Alamogordo war der Ort in New Mexico, wo die Test-Explosion detonierte. Das Bild der Vergewaltigung steht anscheinend in krasser Spannung mit jenen von Gegenseitigkeit, Wechselseitigkeit und Gemeinschaft. Es entspricht jedoch dem Bild der Bombardierung des Herzens im ersten Teil, wo die Selbsterniedrigung des Ich angesichts einer höheren verklärenden Macht dargestellt wurde. Das war auch der Kern von Donnes Gedicht: er bittet Gott seinen Körper zu vergewaltigen, „that I may rise" – obwohl das Bild der Auferstehung in diesem Gedicht sich eindeutig mit sexueller Erregung verbindet; das Sonett als Ganzes liest sich verstörenderweise wie eine männliche Vergewaltigungsfantasie.[22] Wie dem auch sei, Donnes Gedicht endet mit einem anderen Bild der Vergewaltigung ebenso wie Golls 340 Jahre später verfasste Zeilen:

> Take me to you, imprison me, for I
> Except you'enthrall mee, never shall be free,
> Nor ever chast, except you ravish mee.[23]

Hier kann „ravish" mit „entzücken" aber auch „vergewaltigen" übersetzt werden. So brutal wie es scheint, das Vergewaltigungsbild in „Atomic Elegy" liest sich

---

19 C. G. Jung: *Mysterium Coniunctionis*. Princeton 1976, S. 365.
20 Erik Hornung: *Conceptions of God in Ancient Egypt: The One and the Many,* übersetzt von John Baines. Ithaca 1996, S. 179.
21 Perkins: *Yvan Goll* (Anm. 8), S. 81.
22 Vgl. A. W. Barnes: *Post-closet Masculinities in Early Modern England*. Lewisburg 2009, S. 76.
23 Donne: *Divine Poems* (Anm. 12), S. 11.

nicht wie die Regungen eines post-nuklearen Gewissens; es liest sich wie eine (unzweifelhaft verdächtige) Faszination an erzwungener Besitznahme und Vereinigung.

Die Fragen, ob Goll Donnes Dichtung kenne und ob diese Parallelen als Anspielungen oder Ähnlichkeiten zu charakterisieren sind, sind meines Wissens nicht durch Hinweise in Briefen, Notizen oder sonstige empirische Mittel zu klären. Auffallend ist jedoch die Tatsache, dass Donne Golls Interesse an der Alchemie geteilt hatte, was in vielen Gedichten deutlich zutage tritt: „No student of the work of Donne can fail to be impressed by the extent to which alchemical and scientific images and references appear in it."[24] Im fünften der „Holy Sonnets" trifft man auf „I am a little world made cunningly / Of Elements, and an Angelike spright".[25] In der achten „Elegie" beschreibt er die Geräte der Alchemisten – „Then like the Chymicks masculine equall fire / Which in the Lymbecks warme womb doth inspire / Into th'earths worthlesse dust a soule of gold"[26] – und der Titel eines anderen Gedichts, „The Dissolution" verweist spezifisch auf den Prozess, der im Destillierkolben (wie auch im Bett der Liebenden als „Heirat" von männlichen und weiblichen Prinzipien) stattfindet.[27]

Mit größerer Sicherheit jedoch kann man die Beziehung zwischen Donne und J. Robert Oppenheimer nachvollziehen. Als General Groves, Oppenheimers Vorgesetzter, ihn 1962 fragte, warum er den Namen „Trinity" für den ersten Atombombenversuch ausgewählt hatte, antwortete er: „Why I chose the name is not clear, but I know what thoughts were in my mind. There is a poem by John Donne written just before his death, which I know and love. From it a quotation: ‚As West and East / in all *flat* Maps – and I am one – are one, / So death doth touch the Resurrection."[28] Oppenheimer fügt hinzu: „That still does not make a trinity. But in another, better known devotional poem Donne opens, ‚Batter my heart, three person'd God'. Beyond this I have no clues whatever."[29] Das Verhältnis zwischen den beiden Gedichten und der Testexplosion kann durch die vielen Paradoxien erhellt werden:

---

24 Joseph A. Mazzeo: „Notes on John Donne's Alchemical Imagery", *Isis*, 48.2 (1957), S. 103–123, hier S. 103.
25 Donne: *Divine Poems* (Anm. 12), S. 13.
26 Zitiert nach Mazzeo: „Notes on John Donne's Alchemical Imagery" (Anm. 24), S. 111.
27 Vgl. Roberta Albrecht: „Alchemical Augmentation and Primordial Fire in Donne's ‚The Dissolution'", *Studies in English Literature*, 45.1 (2005), S. 95–115, hier S. 98.
28 Zitiert nach Richard Rhodes: *The Making of the Atomic Bomb* (New York 1986), S. 571–572. Das Gedicht ist „Hymne to God my God, in my sicknesse". Donne: *Divine Poems* (Anm. 12), S. 50.
29 Rhodes: *The Making* (Anm. 28), S. 572.

> Donne's [Holy Sonnet] is the poetic translation of the Jacob story as interpreted by Augustine and Luther – it describes wrestling with the God who wounds in order to heal and slays in order to make alive. [...] No doubt the unconscious, or barely conscious apologetic that Oppenheimer had worked out in his own mind to justify the invention of the atomic bomb is expressed in his gravitation to the poems of Donne and the code name Trinity: The bomb was a form of killing that would end the war and so bring healing.[30]

Golls Beziehung zu Donne entstand wohl durch die alchemistischen Metaphern, Oppenheimers dagegen durch Analogien, die er zwischen dem englischen Dichter und spirituellen Schriften des Hinduismus zu erkennen glaubte (er hatte Werke aus dem Sanskrit übersetzt).[31] Wie dem auch sei: die Tatsache, dass sowohl Oppenheimer als auch Goll die Kernexplosion mit demselben Gedicht assoziierten, ist verblüffend, zumal Oppenheimers Gedanken zum Namen „Trinity" erst anderthalb Jahrzehnte nach dem Erscheinen von Golls Gedicht bekannt wurden.

> V.
>
> Substance and Emanation One: Ibn Arabi
> God in Us We in Him: Santa Teresa
> One in All All in One: Zosimus
>
> The ancient rock of contemplation
> Now mined with energy of edelweiss
>
> Beloved molecule
> Shot from the past into the future
> Straight through my heart
>
> The blue gas globe above my fontanelled skull
> Abruptly void
> Void as a rusty rivet atom-laden
> Bearing God's corpse
>
> And man alone alone [.]

Die Einheits-, Ganzheits- und Vereinigungsmetaphern werden zur Eröffnung des fünften Teils rekapituliert, und zwar mit Verweisen auf den Mystizismus des moslemischen Theologen Ibn Arabin, der Christin Teresa von Ávila und dem

---

30 Darrel J. Fasching: „Stories of War and Peace: Sacred, Secular and Holy", in *War and Words: Horror and Heroism in the Literature of Warfare*, hrsg. von Sara Munson Deats u. a. Lanham, MD, & Oxford 2004, S. 19–42, hier S. 31.
31 Vgl. James A. Aho: „,I am Death ... Who Shatters Worlds': The Emerging Nuclear Death Cult", in *Shuddering Dawn: Religious Studies and the Nuclear Age*, hrsg. von Ira Chernus und Edward Tabor Linenthal. Albany, NY 1989, S. 49–68, hier S. 55–56.

in Ägypten geborenen, griechischen Alchemisten und Visionär Zosimos,[32] der 1967 von Carl Jung übersetzt und kommentiert wurde. Abschnitt I des Gedichtes akzeptiert ausdrücklich den Tod des Selbst als eine notwendige Etappe in der Selbst-Erneuerung oder der Auferstehung, und der letzte Abschnitt inszeniert dies mit den „beloved molecule" (ein Echo des „sweet atom" aus Zeile 4), welches durch des Sprechers Herz geschossen wird. Die früheren Bilder von Empfängnis und Geburt werden ebenfalls rekapituliert in dem „fontanelled skull": die Fontanelle ist der weiche Punkt auf dem Schädel eines Neugeborenen, wo die Schädelplatten noch nicht zusammengewachsen sind. Es ist nicht gänzlich abstrus, den kindlichen Kopf in diesem Zustand als eine Art von umgekehrtem Bild der zerbrochenen „Trinity Crater" zu sehen:

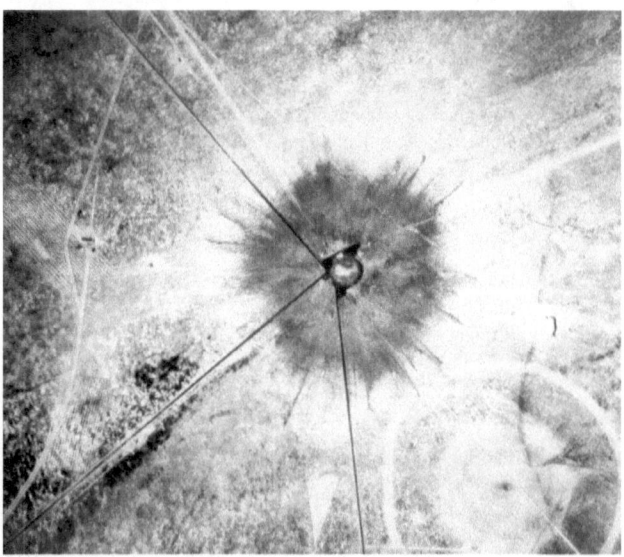

Trinity Photograph – Alamogordo, NM – Trinity Test, July 16, 1945 – Trinity Crater July 16, 1945: Photo courtesy of National Nuclear Security Administration / Nevada Site Office.[33]

Das Gedicht endet mit einer Beschwörung dessen, was übrig bleibt, „God's corpse / And man alone alone". Es ist schwierig, die letzten Zeilen als ein Feiern der Atombombe zu lesen. Es hat etwas ergreifend Rührendes mit der Wiederholung von „alone" und über den fast oxymoronischen Gebrauch von „corpse",

---

32   Dieser Zosimos ist nicht mit dem byzantinischen Historiker zu verwechseln, auf den Perkins anspielt. *Yvan Goll* (Anm. 8), S. 82, Fn 13.
33   http://www.nv.doe.gov/library/photos/photodetails.aspx?ID=47

„Leiche", für die ungesehene, unsichtbare, unfassbare Gottheit. Früher beschwört Goll die kabbalistischen Manipulierungen der 72 Namen der Gottheit, um auf die Weltschöpfung zu verweisen; am Ende löst sich das Kreative in Tod und Einsamkeit auf.

Ich möchte zuletzt noch auf zwei Texte eingehen, die im Umfeld der Atombombe und der „Atom Elegy" geschrieben wurden, ein poetologisches Gedicht und ein poetisches Manifest. Um etwa die gleiche Zeit – wir wissen nicht genau wann, aber es muss gegen Ende 1945 gewesen sein – schrieb Goll ein programmatisches Gedicht, das seinen Titel mit vielen anderen solcher Manifeste teilt, von Aristoteles und Horaz in der Antike bis Archibald Macleish, Pablo Neruda and Czeslaw Milosz im 20. Jahrhundert. In Golls „Ars poetica 1945"[34] geht es um den hilflosen Dichter in einer Traumwelt, womit er eine vor-atomische, eher romantische, auf den Einzelnen abgestimmte Ästhetik andeuten möchte:

> Au poète désemparé qui patauge dans la neige fondue des songes
> Au poète trop épris de lui qui manie le revolver et la fronde
> Rendons le Verbe pour le Verbe
> A la fois matière et pensée
> A la fois granit et temple
> Il n'y a plus de châteaux dans les déserts de la réalité.
> Mais il y a des laboratoires dans les grottes de l'étoile
> Et par les rayons de radar nous revient la magie de l'écho
> Extase et science
> Vieux attributs de la Kabbala
>
> Dieu science nature : c'était la Trinité du 13e siècle
> Dieu qui n'exista pas encore mais qui résultera
> De l'alliance de l'atome et de Saturne
> Dans la grande explosion de l'âme universelle
>
> Voici poète le château où tu résideras
> Comme au cœur d'un diamant aux 72 facettes lumineuses
> Château magique Diamant dialectique
> Que Raziel édifia et tailla[.]

Der Dichter ist „trop épris de lui", „zu sehr in sich selbst verliebt", zu subjektiv, und handhabt überholte Waffen wie den Revolver und die Schleuder („la fronde"). Ihm soll man jetzt das authentische Wort zurückgeben, das das Materielle und das Geistige, das Profane und das Heilige vereint: „Rendons le Verbe pour le Verbe / A la fois matière et pensée / A la fois granit et temple". Francis Carmody sieht in „le Verbe" das poetische Wort.[35] Anstelle des Schlosses

---

34 Yvan Goll: *Die Lyrik*, IV (Anm. 2), S. 191; zuerst in Jules Romains, Marcel Brion, Francis Carmody und Richard Exner, *Yvan Goll: Poètes d'aujourd'hui*. Paris 1956, S. 205 (daher nicht „unveröffentlicht": vgl. *Die Lyrik* (Anm. 2), IV, S. 553).
35 Francis Carmody: *The Poetry of Yvan Goll*. Paris 1956, S. 122.

tritt jetzt das Labor; Radarstrahlen ersetzen das Echo, und die komplementären Eigenschaften der Kabbalah, Mystik und Wissenschaft, werden sozusagen „neu inszeniert" in der modernen technologischen Welt. Während sowohl Echo als auch Radar Wellenphänomene sind, will Goll die Vorstellung einer zauberhaften auditiven Poesie – wie etwa Verlaines – durch die einer intensiveren, „elektromagnetischen" regenerieren. Um Regeneration, wenn nicht sogar um eine neue Schöpfung, geht es in diesem Manifest. Im Gegensatz zum letzten Abschnitt von „Atom Elegy", wird hier im dritten Abschnitt behauptet, Gott habe bisher – d. h. vor dem „Trinity" Kernwaffentest – nicht existiert: er wird erst durch das Bündnis von Saturn und dem Atom erstehen: „l'âme universelle" ist nicht Gott sondern die Vereinigung von der Erde mit dem Weltall: die Welt hat Gott erschaffen, nicht umgekehrt.

Was erzeugt wird, ist ein neuer Ort, den der Dichter bewohnen kann, facettenreich wie ein leuchtender Kristall. Golls Beschreibung hier erinnert an die „vielen Wohnungen" in „meines Vaters Haus" im Evangelium Johannes (14:2). Raziel ist der Engel der Mysterien in der jüdischen Mythologie, angeblicher Verfasser des „Sefer Raziel HaMalach", einer Sammlung aller Mysterien und Geheimnisse des Kosmos. Goll identifiziert ihn auch mit dem Kabbalisten Abraham Abulafia. Wie schon in der aufschlussreichen Analyse von Christine Waldschmidt verdeutlicht worden ist, „[figuriert] die mehrfach wiederkehrende Figur Raziel […] als eine Identifikation für den Dichter".[36] Matthias Müller-Lentrodt verweist auch auf das Gedicht „Raziel", wo die Tätigkeit des apokryphen Engels als Dichter beschrieben wird:

>Des lettres jaunes et rouges de soufre et de sang
>Il frappe l'étincelle fait jaillir la rosée
>Dans l'orgue du barium au cirque des Erigones
>Il appelle Dieu de ses soixante-douze noms[.][37]

Golls „Ars poetica" wiederholt gewissermaßen die Hauptgedanken der „Atom Elegy"; sie liest sich als eine Art alchemistische Destillation davon. Was aber im zweiten Gedicht expliziter wird, ist eine Neuausrichtung seiner Auffassung von der Natur und der poetischen Funktion der Wirklichkeit. Wenden wir uns ein zweites Mal zum zweiten Abschnitt: „Il n'y a plus de châteaux dans les déserts

---

36 Christine Waldschmidt: *„Dunkles zu sagen": Deutschsprachige hermetische Lyrik im 20. Jahrhundert*. Heidelberg 2011, S. 335.
37 Goll, *Die Lyrik*, IV (Anm. 2), S. 468. Vgl. Matthias Müller-Lentrodt: *Poetik für eine brennende Welt: Zonen der Poetik Yvan Golls im Kontext der europäischen Avantgarde*. Bern u. a. 1997, S. 210. In diesem Kontext bemerkt Müller-Lentrodt, dass in einer bedeutenden Studie zu Golls Spätwerk Erhard Schwandt davon ausgeht, dass Goll sich in der Figur Raziels selbst darstellt. Vgl. S. 211.

de la réalité. / Mais il y a des laboratoires dans les grottes de l'étoile". Genauer gelesen wird durch diese chiastische Figur eine Verschmelzung von Traum und Sachlichkeit vorgestellt. Es gibt keine Schlösser mehr – man denkt an Luftschlösser, an Burgen in Spanien. Hier ist vielleicht eine Anspielung an Rimbauds Gedicht „O saisons, ô châteaux" aus *Derniers vers* zu vernehmen, wo die Schlösser als aufgelöste Träume zu verstehen sind, und in dem Rimbaud sich explizit an die „alchimie du verbe" der *Illuminations* erinnert. Was wir unter Wirklichkeit verstehen, ist eine leere Wüste, und eine nüchternere, sachlichere Alternative wird in den „Sterngrotten" erbaut. Damit besagt Goll, glaube ich, dass die Hoffnung für die Zukunft – sowohl in der äußeren Welt als auch in der Poesie – eine starke ist, und sie liegt in der Wissenschaft und der Technologie. Das heißt, die empirische, die wissenschaftlich analysierbare Wirklichkeit ist die neue Mystik.

In keinem Gedicht, keinem Aufsatz, keinem Brief und in keiner Aufzeichnung zu dieser Zeit werden die Konsequenzen der Atombombe zur Kenntnis genommen. Nirgends erwähnt Goll die Verwüstung der beiden japanischen Städte, die 90.000 Menschen, die sofort getötet wurden, weitere 130.000 Menschen, die bis Ende 1945 an den Folgen des Angriffs starben, die Auswirkungen der Verstrahlung auf weitere Millionen. Das heißt natürlich nicht, dass er sich keine Gedanken darüber machte, denn die enge Verknüpfung von Strahlungsenergie und Tod war in ihm tief verwurzelt: 1944 hatte Goll erfahren, dass er an Leukämie litt. Die Behandlung dafür war damals eine Strahlentherapie, die Goll in düsterer Weise mit der Verstrahlung der Atombombe verband. Er starb Anfang 1950 nach einer kräftezehrenden Krankheit, und in seinen letzten Wochen erhielt er mehrere Blutübertragungen, die durch Blutspenden vieler jungen Dichter ermöglicht waren.

Am Tag seiner Beerdigung im Friedhof Père Lachaise in Paris wurde in der französischen Zeitschrift „Combat" Golls „Manifest des Reismus" veröffentlicht, in dem die beiden Gedichte „Atom Elegy" und „Ars poetica" deutlich nachklingen. Das Manifest wurde spätestens 1948 geschrieben, obwohl Goll in einem Brief an Nicolas Calas aus dem Jahr 1940 behauptet, eine Abhandlung über den Reismus schon 15 Jahre früher geschrieben zu haben:

> [L]aissez-moi vous parler d'un essai que j'ai écrit il y a quinze ans, et que je n'ai jamais publié, parce que fatigué des „ismes", et parce que tout seul, le surréalisme déployant tous ses drapeaux.
> Cet essai traitait du „Réisme", dérivé de „res" par opposition au „réalisme", dérivé de „réalité" (et par conséquent aussi du „surréalisme" de cette époque) et se proposant la recherche de l'objet nu, l'objet-type, l'objet unique: moule du créateur. Cette recherche devait être réservée à d'autres temps. Vous êtes le premier, mon cher Calas, à apprendre l'existence du „Réisme". Ce n'est peut-être pas une grande découverte. Elle eût été mieux à sa place à quelque' autre

époque. Et d'ailleurs, je ne vous la livre qu'en passant, pour justifier ma poésie qui n'est pas une poésie de nuit, mais une poésie de jour, qui doit plus à la chimie qu'à l'alchimie.³⁸

Der ursprüngliche Text dieses Manifests lautet:

> Pour exprimer l'essence de la vie, pour être vie, la poésie doit émaner de la Chose en soi, le Ding an Sich, le RES; être la fleur directement reliée à sa racine.
> Cette racine est RES, et non realitas. C'est l'Objet en action, non la réalité, telle que le poète ou l'artiste la voit, la pense ou la rêve.
> La Poésie surgit-elle du Verbe ou de l'Objet ?
> Surgie du Verbe seul, la poésie reste dans le domaine de la rhétorique, de la grammaire, de l'artifice créé par l'homme lui-même.
> "Au commencement était le Verbe"? Le Réiste dira plutôt: „A la fin était le Verbe", après une longue et patiente métamorphose qui, dans le poète ou l'artiste, transforme l'Objet en Verbe, en oeuvre d'art.
> Réalisme, surréalisme, réalité nouvelle sont dérivés de la Réalité, de la vision des choses. Réisme, que nous proposons comme théorie de base, naît de l'Objet absolu.
> Rilke disait: „Restez devant! Regardez l'Objet jusqu'à ce que vous l'ayez dévoré!"
> Le Réiste dit: „Entrez dedans! Intégrez-vous à l'Objet, devenez cet objet jusqu'à ce qu'il vous ait dévoré!"
> S'il est exact que la vie est créée par une énergie se renouvelant sans cesse, énergie que les peuples ont appelée Dieu, le poète doit serrer le RES d'aussi près que fait le croyant quand il réussit à s'intégrer l'essence et jusqu'au nom de Dieu.³⁹

Und in einer deutschen Übersetzung, von der nicht eindeutig festzustellen ist, ob sie von Golls Hand stammt, lautet der Text:

> Entspringt die Poesie dem Wort oder dem Gegenstand? Die Antwort dieser Wahl gegenüber muß die Angst des Künstlers, ob Dichter oder Maler, beseitigen.
> Bleibt die Dichtung, die nur dem Wort entsprang, nicht im Gebiet der Rhetorik, Grammatik, der vom Menschen erschaffenen Künstlichkeit stecken?
> Um die Essenz des Lebens auszudrücken, müssen Kunst und Malerei dem *Ding an sich*, dem *Res*, entströmen: Blume sein, mit der Wurzel verbunden.
> Diese Wurzel ist Res und nicht Realität. *Sie* ist das vegetative Objekt in Bewegung und nicht die Realität, wie sie der Mensch sieht, denkt oder träumt.
> Realismus, Surrealismus, Neue Realität stammen von der Wirklichkeit ab. Der Reismus, den wir als grundlegende Theorie vorschlagen, entspringt dem absoluten Ding.
> „Im Anfang war das Wort?" Stellen wir lieber fest: „Am Ende war das Wort", nach einer langen geduldigen Metamorphose, die, im Dichter, den Gegenstand in Wort verwandelte.
> Rilke sagte einst zu Claire Goll: „Bleib davor stehen! Betrachte den Gegenstand, bis du ihn verschlungen hast!"

---

38   Yvan Goll an Nicolas Calas, 25. November 1940; aus dem Nachlass von Jean Bertho veröffentlicht (http://gollyvanetclaire.canalblog.com/). Eine andere Fassung dieses Briefs mit demselben Datum spricht von „une douzaine d'années" statt „quinze". Vgl. Albert Ronsin: „Goll et Breton", in *Yvan Goll (1891–1950): Situations de l'écrivain*, hrsg. von Michel Grunewald und Jean-Marie Valentin. Bern u. a. 1994, S. 57–74, hier S. 63.

39   Yvan Goll: „Le ‚Réisme' naît de l'objet absolu," *Combat*, 9 (2. März 1950), S. 2.

"Bruno's Pyre and Einstein's Time": Yvan Golls „Atom Elegy"

> Der Reist sagt: „Dringt ein! Integriert euch dem Gegenstand, bis du ihn verschlungen hast!"
> Wenn es wahr ist, dass die Welt von einer sich unaufhörlich erneuernden Energie erschaffen ist, die die Völker Gott nennen, dann hat der Dichter die Aufgabe, mit dem Verb bewaffnet, aus seiner persönlichen Substanz das Wort mit der totalen Ausstrahlung zu gebären: Res.
> Der Reismus, im Gegensatz zur willkürlich abstrakten Kunst, die in der Dichtung mit der Idee und dem willkürlichen Bild des Gegenstandes spielt, streift das Res ebenso nah wie der Gläubige die Essenz Gottes.[40]

Die Ähnlichkeiten und Überschneidungen dieser Texte mit den beiden Gedichten sind eindeutig. Der Dichter ist auf der Suche nach der „Essenz des Lebens", die er durch „Verwandlungen" zu erreichen sucht; in seiner Umdrehung des Verses aus dem Evangelium nach Johannes – „Im Anfang war das Wort" wird durch „Am Ende war das Wort" ersetzt – erinnert uns Goll an den Anfang des dritten Abschnitts von „Atom Elegy". Er spricht „von einer sich unaufhörlich erneuernden Energie", die im Volksmund „Gott" genannt wird, die er aber ganz anders auslegt: „dann hat der Dichter die Aufgabe, mit dem Verb bewaffnet, aus seiner persönlichen Substanz das Wort mit der totalen Ausstrahlung zu gebären: Res". Begriffe und Vokabeln stammen aus dem Umfeld der atomischen Dichtung der mittleren 40er Jahre.[41]

Klaus Schuhmann, Herausgeber einer Auswahl aus Golls Werken, *Gefangen im Kreise*, schreibt in seinem Nachwort über dieses Manifest wie folgt:

> Nicht von ungefähr stellt Goll am Anfang seines Manifests eine Frage, die an den philosophischen Streit zwischen Nominalisten und Realisten im ausgehenden Mittelalter erinnert: „Entspringt die Poesie dem Wort oder dem Gegenstand? [...] Für einen, der nach dem „Stein der Weisen", dem Wesen der Dinge sucht, kann es darauf eigentlich nur eine Antwort geben – für ihn ist Poesie nur in den Dingen zu entdecken. Goll meint indes [...] nicht die Dinge schlechthin, nicht die mit den Sinnen wahrnehmbare Wirklichkeit. Ihm geht es um das „Ding an sich". Der Poetologe [...] redet indes nicht dem Kant'schen „Ding an sich" das Wort [...], sondern einem Abstraktum, in dem sich für ihn gleichsam das Wesen der Dinge offenbart, das aber so in der Wirklichkeit nicht existiert.[42]

---

40 Yvan Goll: *Dichtungen* (Anm. 1), S. 436. Der „Le Réisme" betitelte Aufsatz auf Französisch in *Quatre Etudes*, S. 206–207 kann auch nicht als authentisch gelten, denn er ist offensichtlich eine Rückübersetzung aus dem oben wiedergegebenen deutschen Text, der seinerseits entweder eine von Yvan selbst verfertigte deutsche Version des Manifests darstellt oder eine von Claire Goll vor dem Erscheinen von *Dichtungen* gemachte Übersetzung ist.
41 Obwohl Golls Briefe an Calas auf eine Entstehung des Begriffs „Reismus" in den 30er Jahren hindeutet, kann man nur schwerlich der Auffassung Aimée Bleikastens zustimmen, diese Poetik mit der Neuen Sachlichkeit in Verbindung zu setzen sei. „*Traumkraut* ou le Secret des Mots", in *Yvan Goll*, hrsg. von Grunewald und Valentin (Anm. 38), S. 155.
42 Klaus Schuhmann: „Nachwort" zu Yvan Goll, *Gefangen im Kreise: Dichtungen, Essays, Briefe*. Leipzig 1982, S. 464–465.

Die Nähe zur „Atom Elegy" und den darin erforschten alchemistischen und kabbalistischen Begriffen lässt eher an eine Simultaneität des Abstrakten und des Materiellen denken. Beim französischen Text des Manifests in *Combat* handelt es sich offensichtlich um Fragmente einer längeren Abhandlung und weitere Auszüge wurden 1968 von Erhard Schwandt in seine Dissertation über Golls Spätwerk miteinbezogen.[43] Sie verweisen auf die Art und Weise, in der Golls Reismus-Begriff sich von Bretons Surrealismus abgrenzt oder distanziert, und markieren einen post-surrealistischen Versuch, zurück zur deutschen Romantik zu gehen, „aux véritables sources de cette fontaine de jouvence [...] qui contenait, sans théorie" – ein Seitenhieb auf Breton – „tous les germes et toutes les vitamines de la poésie opposée à la réalité".[44]

In seinen Exiljahren wurde Goll wieder mit Breton konfrontiert, den er oft als eine Art Nemesis zu betrachten schien. Im Jahre 1926, im Kontext ihrer rivalisierenden Definitionen des Surrealismus, hatte Goll bei einer Tanzvorstellung in einem Pariser Theater Breton mit der Faust gestoßen, offensichtlich weil dieser ihn systematisch professionell unterminierte und versuchte, Golls Freundeskreis von ihm abzuwenden. Breton und Goll begegneten sich wieder im New Yorker Exil, wo Vermittler erfolglos versuchten, sie wieder zu versöhnen. Zornige Briefe wurden ausgetauscht, bevor eine gegenseitige Kälte wieder einsetzte. Der Reismus ist zu einem gewissen Grade Ausdruck von Golls Entschlossenheit, den Surrealismus, zumindest wie er von Breton verstanden wurde, hinter sich zu lassen, wenn auch nicht durch eine kraftvollere Poetik zu ersetzen. Dass Breton auch zu dieser Zeit mit alchemistischer Dichtung experimentierte, ist eine Ironie, vor der Goll durch seinen eigenen Tod beschützt wurde.

Der Impuls, den Golls ständig sich entwickelnde Poetik durch die Atombombe gewann, kam plötzlich und unerwartet, aber seine Gedanken über den Reismus hatten sich eher organisch entwickelt. Golls Interesse an alchemistischem und mystischem Gedankengut sieht Klaus Weissenberger als eine logische Steigerung seiner Beschäftigung mit dem Johann-Ohneland-Mythos. „Im Laufe von Golls Exil [ist] eine Übersteigerung der mythischen Ausgangsbasis zu erkennen, bei der das Einzelobjekt über den Mythisierungsprozess hinausgehend seine Eigenständigkeit zugunsten einer überwirklichen kosmologischen Ordnung aufgibt."[45] Das gilt auch für den *Mythos vom durchbrochenen Felsen*, den *Mythe de la Roche Perçée*, ein Gedichtzyklus, den Goll 1946 während einer Reise in der Gaspésie in

---

43   Vgl. Erhard Schwandt: *Das poetische Verfahren in der späten Lyrik Yvan Golls*. Doktorarbeit, FU Berlin, 1968, S. 238–239. Vgl. auch James Phillips: *Yvan Goll and Bilingual Poetry*. Stuttgart 1984, S. 226–228.
44   Zitiert nach Phillips: *Yvan Goll and Bilingual Poetry* (Anm. 43), S. 227.
45   Klaus Weissengerber: „Dissonanzen und neugestimmte Saiten. Eine Typologie der Exillyrik", *Literaturwissenschaftliches Jahrbuch*, NF, 17 (1976), S. 321–342, hier S. 334.

Kanada schrieb. Goll selbst beschreibt das Thema dieser Dichtung als „das Leben und der Tod eines Felsen, sein dunkles, scheinbar steriles Exil mitten im Meer, das im ewigen Zirkus der Hochzeiten Leben ausbrütet, sein Tanz inmitten kostbarer Steine, sehnsüchtiges Lied von verlockenden Morgenröten und schließlich seine Befreiung und Auflösung im atomischen Zeitalter."[46]

Goll starb, bevor er seine neue Poetik des atomischen Zeitalters vertiefen und verbreiten konnte. In der Form, wie wir sie besitzen, scheint sie den Versuch darzustellen, die schiere Ungeheuerlichkeit des Potentials, das in der Materie der physikalischen Welt liegt, durch die Dichtung ins Unendliche verwandeln zu lassen, und damit tritt er mutig einem der aufregendsten aber unbequemsten Aspekte der modernen Welt entgegen. Wenn die Kritik überhaupt diesen Versuch wahrgenommen hat, ist das Urteil eher negativ ausgefallen. „And so," schreibt Forster in seinem Buch über die Mehrsprachigkeit in der Dichtung, „after the bombing of Hiroshima and Nagasaki [Goll] wrote ‚Atom Elegy': it is a heroic effort, but it is a failure."[47] Silvia Schlenstedt fasst sie großzügiger auf: „Das Unvorstellbare in die Vorstellung zu zwingen, das aufgesprengte Atom auf menschliche Welt überhaupt und auf das eigene [...] Dasein zu beziehen, dies bestimmt die [Atom] Elegie in ihrer suchenden, das Kleinste mit dem Größten assoziierenden, unanschaulich-anschaulichen Bildsprache."[48] Mag Golls Versuch als gescheitert oder als gelungen angesehen werden, wenn man von Poetiken des Aufbruchs spricht, ist dieses eher vernachlässigte Kapitel der Geschichte der Poetik doch der Aufmerksamkeit wert.[49]

---

46 Yvan Goll: *Der Mythos vom Durchbrochenen Felsen. Eine Dichtung. Französisch und Deutsch*, übertragen von Claire Goll. Darmstadt, Berlin, Neuwied 1956, S. 46.
47 Forster: *The Poet's Tongues* (Anm. 3), S. 80.
48 Silvia Schlenstedt: „‚Johann Ohneland steuert den letzten Hafen an': Yvan Goll im amerikanischen Exil", in *Der zweite Weltkrieg und die Exilanten: Eine literarische Antwort*, hrsg. von Helmut F. Pfanner. Bonn 1991, S. 43–51, hier S. 48–49.
49 Die deutsche Version dieses Aufsatzes wurde unter Zuhilfenahme von Frau Juliane Fischer verfasst, wofür ich meinen herzlichen Dank aussprechen möchte.

Umbruch ohne Aufbruch
Zur Politisierung des Künstlermythos im Zuge der Vergangenheitsbewältigung seit 1945

Karina von Lindeiner-Stráský

Zu Wilhelm Furtwängler und dem Diskurs um sein Künstlertum im Nationalsozialismus

Der 25. Mai 1947 war ein Tag des besonderen Umbruchs in der an Umbrüchen nicht eben armen Karriere des Dirigenten Wilhelm Furtwängler. An diesem Tag dirigierte „Hitlers gehätschelter Maestro" zum ersten Mal seit dem Kriegsende und seit Abschluss seines Entnazifizierungsverfahrens wieder öffentlich die Berliner Philharmoniker.[1]

Doch auch zu Zeiten des Nationalsozialismus hatte Furtwänglers Karriere – meist ausgelöst durch die politische Situation – wiederholt am Scheideweg gestanden: Nach der Machtergreifung 1933 blieb ihm seine Position als führender Dirigent Deutschlands zunächst erhalten und Furtwängler avancierte bald zu einem der kulturellen Aushängeschilder des Regimes. Er war der Leiter der Berliner Staatsoper, des führenden Musiktheaters des Reiches, und der weltberühmten Berliner Philharmoniker. Zudem war er Vizepräsident der Reichsmusikkammer und wurde von Hermann Göring in den von ihm initiierten Preußischen Staatsrat berufen.

Furtwänglers gespaltene Haltung zum Regime führte allerdings schon 1934 dazu, dass er im Zuge einer öffentlichen Auseinandersetzung mit Joseph Goebbels um Hindemiths Oper *Mathis der Maler* auf Drängen der Machthaber von allen seinen öffentlichen Ämtern zurücktrat, obwohl er erst kurz vorher durch seine Unterschrift unter den „Aufruf der Kulturschaffenden" vom 19. August 1934 bestätigt hatte, zu „des Führers Gefolgschaft" zu gehören und in „Vertrauen und Treue zu ihm zu stehen".[2]

Schon 1935 kehrte Furtwängler allerdings an das Dirigentenpult der Berliner Philharmoniker zurück, und 1935 folgte eine weitere, diesmal nur potentielle, Umbruchsituation, als der Dirigent erwog, das Reich zu verlassen, um die Leitung der New Yorker Philharmoniker zu übernehmen. Die (angeblich von Her-

---
1 Fred K. Prieberg: *Kraftprobe. Wilhelm Furtwängler im Dritten Reich*. Wiesbaden 1986, S. 14.
2 Vgl. Langer Abschied. In: *Der Spiegel*. 23 (1989), S. 234–238, hier: 234 [ohne Angabe des Verfassers].

mann Göring lancierte) Nachricht, Furtwängler habe sich schon für die Leitung der Berliner Oper verpflichtet, löste gemeinsam mit der internationalen Kritik an der Stellung des Dirigenten im sogenannten Dritten Reich Proteste in den USA aus, die letztlich zur Absage Furtwänglers und zu seinem Verbleib in Deutschland führten. So blieb er über die gesamte Zeit des Nationalsozialismus hindurch der national erfolgreichste und auch international bekannteste Dirigent des Reiches.

Nach dem großen politischen Umbruch von 1945 erhielt er zunächst Aufführungsverbot durch die Alliierten. In dem nun folgenden Entnazifizierungsverfahren fand er Fürsprache unter anderem von Seiten Paul Hindemiths und Yehudi Menuhins. Er wurde schließlich als Mitläufer eingestuft und durfte bis zu seinem Tod im Jahr 1954 weiter dirigieren.

Auch der öffentliche Diskurs über die Zeit des Nationalsozialismus, die „Vergangenheitsbewältigung", ist seit 1945 zahlreichen, oft gesellschaftspolitisch motivierten Umbrüchen unterworfen gewesen. Vor diesem Hintergrund mutet es auf den ersten Blick erstaunlich an, dass sich diese Umbrüche in dem Teil der Debatte, der sich mit Künstlern wie Furtwängler und seinem Wirken im „Dritten Reich" beschäftigt, kaum widerspiegeln. Angefangen mit einer Umfrage im *Spiegel*, in der Furtwängler 1949 zum sechstbedeutensten Deutschen gewählt wurde, finden sich bis in die neueste Berichterstattung über seine und ähnliche Karrieren Spuren von ungebrochenem Respekt, ja von anhaltender Ehrfurcht gegenüber diesen Künstlern.[3] Zudem fällt auf, dass zwar seit Beginn des Diskurses in der unmittelbaren Nachkriegszeit, in der die Faktenlage in vielen Fällen unsicher war, eine Reihe von wissenschaftlichen Studien und kritischen Biografien erschienen ist, in denen einige fehlerhafte Darstellungen aus der Anfangszeit der Debatte explizit widerlegt und richtig gestellt werden. Allerdings haben solche Richtigstellungen in der öffentlichen Debatte kaum Resonanz gefunden.[4]

Die vorliegende Untersuchung versucht, den Gründen für diese Kontinuitäten im Diskurs über die künstlerische Tätigkeit im Nationalsozialismus am Beispiel

---

3 Umfrage. In: *Der Spiegel*, 10 (1949), S. 32–34 [ohne Angabe des Verfassers]. Für Beispiele und eine Analyse der Berichterstattung über Gründgens und Furtwängler in den westdeutschen Medien seit 1945 siehe außerdem: Karina von Lindeiner-Stráský: „Görings glorreichste Günstlinge": Artists as good Germans in the (West) German media since 1945. In: Pól Ó Dochartaigh / Christiane Schönfeld (Hg.): *The Good German in Literature and Film since 1945*, London 2012.

4 Im Falle Gustaf Gründgens' beispielsweise hat Peter Jammerthal in einer herausragenden Untersuchung zum Preußischen Staatstheater unter der Leitung des Regisseurs belegt, dass dieses Theater keineswegs eine „Insel im völkischen Meer" und damit weder ein Ort des ungebrochenen Widerstands noch ein Schutzraum für Verfolgte war, wie es dennoch nach wie vor oft kolportiert wird. Siehe Peter Jammerthal: *Ein zuchtvolles Theater*. (Dissertation) Freie Universität Berlin 2005.

Wilhelm Furtwänglers nachzuspüren. Dafür wird dieser Diskurs zunächst innerhalb des traditionellen Künstlermythos verortet, in dessen Tradition er steht und mit dessen Hilfe sich die erwähnte fortwährende Verbreitung fehlerhafter und einseitiger Darstellungen bis ins einundzwanzigste Jahrhundert hinein erklären lässt. Anhand zweier prägnanter Beispiele für diese Mythos-Elemente in der Debatte um Furtwängler wird aufgezeigt, auf welche Weise der Künstlermythos im Falle Furtwänglers eine neue, politische Dimension erhält. Abschließend richtet sich das Augenmerk der Untersuchung auf die Frage nach den Teilnehmern an dieser Debatte und auf die Funktion des politisierten Künstlermythos bei der (Re-) Konstruktion der deutschen Identität nach dem Ende des zweiten Weltkriegs.

Der politische Künstlermythos am Beispiel Wilhelm Furtwänglers und seiner Konzerte zur Zeit des Nationalsozialismus

Die Vorstellung vom Künstler als einem außerhalb oder sogar oberhalb der Gesellschaft stehenden genialen Schaffenden geht auf das Gesellschaftsbild der Renaissance zurück.[5] Die zu dieser Zeit erfolgende „Mythisierung des Künstlers zum [...] ‚Seher' und ‚Erlöser', seine Stilisierung zum ‚Priester der Subjektivität'" kann als „Projektion der zunehmend rationalisierten bürgerlichen Gesellschaft" verstanden werden.[6] Allerdings ist seitdem nicht nur die Tätigkeit des Künstlers ein „in höchstem Maße mit der Inszenierung von Mythen liiertes Amt"[7], der Künstler an sich ist zu einer mit mythischen Attributen belegten Figur geworden.

Ruppert und andere haben nachgezeichnet, wie der Künstler- und auch der Kunstmythos sich über die Jahrhunderte meist in Bezug auf und im Gegensatz zur herrschenden Gesellschaftsordnung sowie der allgemeinen Vorstellung von Bürgerlichkeit entwickelte, bis er schließlich im Laufe des zwanzigsten Jahrhunderts vor allem durch die Soziologie und die Kunstgeschichte teilweise dekonstruiert wurde.[8] Trotz dieser Ansätze zur Entmythisierung beherrscht allerdings

---

5   Vgl. beispielsweise Gabriele Feulner: *Mythos Künstler. Konstruktionen und Dekonstruktionen in der deutschsprachigen Prosa des 20. Jahrhunderts*. Berlin 2010, S. 12.
6   Wolfgang Ruppert: *Der moderne Künstler. Zur Sozial- und Kulturgeschichte der kreativen Individualität in der kulturellen Moderne im 19. und frühen 20. Jahrhundert*. Frankfurt am Main 2000, S. 278. Siehe hierzu auch Eckhard Neumann: *Künstlermythen. Eine psycho-historische Studie über Kreativität*. Frankfurt/Main – New York 1986. Neumann konstatiert, der Künstler stelle sich „als Prophet des transzendentalen Geistes in einen Gegensatz zur Welt der Bürger" S. 83.
7   Ebd.
8   Vgl. beispielsweise Gabriele Feulner: *Mythos Künstler* (Anm. 5); Eckhard Neumann: *Künstlermythen* (Anm. 6); Wolfgang Ruppert: *Der moderne Künstler* (Anm. 6).

das auratische Künstlerkonzept nach wie vor andere Bereiche der Kunst- und Künstlerdebatten, vor allem in der Literatur und, wie diese Untersuchung zeigen wird, im öffentlichen Diskurs.

Zentral für die Verortung des Diskurses zu den Künstlern, die ihre Kunst zur Zeit des Nationalsozialismus ausübten, sind vor allem zwei Aspekte des Mythos „Künstler". Zum einen wird der Künstler zum „Seher" und „Erlöser" überhöht, wie es schon in Rupperts Beschreibung anklingt. Dabei werden den Künstlern quasi-religiöse Attribute und Wirkungsmächte zugeschrieben.

Zum anderen wird dem Künstler, wie ebenfalls bereits erwähnt worden ist, eine Position außerhalb oder sogar oberhalb der Gesellschaft zugewiesen, die wiederum mit seinen quasi-religiösen Attributen eng verbunden ist:

> Wie einst Christus als ‚Mittler' zwischen Gott und dem Menschen das Irdische mit dem Göttlichen versöhnte, so soll [der Künstler] den Widerspruch von Welt und Geist zu einer Einheit führen helfen und in diesem Sinne ‚erlösend' wirken.[9]

Wilhelm Furtwängler steht aufgrund seines kaum angezweifelten Rufs als einer der ganz großen Dirigenten der Musikgeschichte an einer zentralen Stelle im Diskurs um die Künstler im Nationalsozialismus. Zu ihm, wie zu den meisten seiner Künstlerkollegen, gibt es auch kritische Stimmen, die der Legende vom „unpolitischen Künstler" Furtwängler widersprechen.[10] Der Musikhistoriker Michael H. Kater beschreibt zum Beispiel das hohe Ansehen des Dirigenten bei den Führern des Regimes, vor allem bei Hitler, Göring, Goebbels und Rosenberg. Er konstatiert, dass Furtwängler starkes Interesse daran hatte, gute Beziehungen zu den Machthabern aufzubauen beziehungsweise zu erhalten, denn von diesen Beziehungen profitierten beide Seiten:[11]

> Furtwängler seems not to have relinquished any position of control once he had it – dozens of panel, committees, offices, and societies [...] – just to keep as many irons in the fire as possible.[12]

Doch solche und ähnliche kritische Anmerkungen, wie sie zum Beispiel auch bei Fred K. Prieberg zu finden sind, werden im Diskurs überlagert von den Rückgriffen auf Elemente des Künstlermythos und den Versuchen, diese Elemente neu zu interpretieren und sie politisch aufzuladen.

---

9   Eckhard Neumann: *Künstlermythen* (Anm. 6), S. 83.
10   Siehe Beispielsweise Dietrich Fischer-Dieskau: Musik, die atmet! In: Gottfried Krauß (Hg.): *Ein Maß, das heute fehlt. Wilhelm Furtwängler im Echo der Nachwelt.* Salzburg 1986, S. 83–87, hier: 83.
11   Vgl. Michael H. Kater: *The Twisted Muse. Musicians and their Music in the Third Reich.* Oxford 1997, S. 199.
12   Ebd., S. 197.

Zu den Elementen des Diskurses, die dem Künstlermythos entlehnt und mit politischen Bezügen angereichert werden, gehört der Verweis auf die durch Furtwängler angestrebte und angeblich vollzogene Trennung von Kunst und Politik. Zugrunde liegt die erwähnte Darstellung des Künstlers als eines Außenseiters, der neben oder oberhalb des normalen gesellschaftlichen Lebens existiert und wirkt. Bezogen auf das sogenannte Dritte Reich ergibt sich daraus zum einen die Behauptung, dass es den Künstlern dort möglich war, sozusagen neutrale, von der politischen Situation unberührte Kunst zu machen, und zum anderen, dass diese Kunst in einer Art parallelen Sphäre existierte und daher mit der Politik nichts zu tun hatte.

Allerdings stehen die Praxis im nationalsozialistischen Deutschland und die Stellung der Kunst innerhalb der Ideologie dieser Vorstellung vom ‚apolitischen' Künstlertum diametral entgegen. Im Falle Furtwänglers und der Berliner beziehungsweise später dann der Wiener Philharmoniker lässt sich zwar konstatieren, dass Musik tatsächlich nicht im Zentrum der NS-Propaganda stand. Dennoch spielte gerade Furtwänglers Orchester eine wichtige Rolle in der kulturpolitischen Planung des Regimes.[13] Dementsprechend engagierte sich Goebbels während der Hindemith-Krise persönlich und verbuchte die Entscheidung Furtwänglers, in Deutschland zu verbleiben, als „großen moralischen Erfolg" für sich und das Regime.[14]

Vor allem Tourneen und Konzerte im Ausland sollten als ideologische Instrumente fungieren, und die Berliner Philharmoniker waren „das wichtigste Instrument für die Kulturpropaganda im Ausland".[15] Folgerichtig stand Furtwängler in dem Ruf und auch in der Verpflichtung, als kultureller Botschafter das Regime nach außen zu vertreten. Er wurde (und wird gelegentlich noch immer), wie sogar Furtwänglers Anhänger zugeben, als „stärkst[er] kulturell[er] Aktivposten des 1000jährigen Reiches" gesehen.[16]

---

13 Siehe Wolf Lepenies: Eine (fast) alltägliche deutsche Geschichte. Vorwort. In: Misha Aster: *Das Reichsorchester. Die Berliner Philharmoniker und der Nationalsozialismus.* München 2007, S. 9–26, hier 9. Die Wichtigkeit, die das Regime der Musik beimaß, lässt sich auch an der Tatsache ablesen, dass 1938 im Nachgang zu der berüchtigten Ausstellung über die „entartete Kunst" in Düsseldorf eine Ausstellung zum Thema „entartete Musik" stattfand, die anschließend noch an anderen Orten gezeigt wurde. Bei dem die ursprüngliche Ausstellung einleitenden Kongress fungierte Goebbels persönlich als Hauptredner.
14 Joseph Goebbels: *Tagebücher 1935–1939.* Herausgegeben von Ralph Georg Reuth. München 1999, S. 856.
15 Wolf Lepenies: Eine (fast) alltägliche deutsche Geschichte. In: *Das Reichsorchester* (Anm. 13), S. 14.
16 Peter Wackernagel: *Die Ära Furtwängler.* Berlin 1971, S. 15. Siehe auch: Berta Geissmar: *Im Schatten der Politik.* Zürich 1945, S. 104; sowie Michael H. Kater: *The Twisted Muse* (Anm. 11), S. 201.

Aus Sicht des Regimes hatten Furtwänglers Auftritte im Ausland ganz konkrete Zielsetzungen: Sie sollten zum einen freundschaftliche Beziehungen zu den Gastländern fördern und zum anderen dem Publikum dort die Überlegenheit der deutschen Kultur demonstrieren, indem sie ihm „the musical personae of Beethoven, Brahms, and Bruckner" nahebrachten, „whom the Nazis themselves thought to be the only legitimate representatives" der deutschen Kultur.[17]

Zwischen 1933 und 1945 leitete Furtwängler zahlreiche solcher Auslandstourneen. Einige davon waren Teil einer schon vor der Zeit des Nationalsozialismus begründeten Beziehung zwischen den deutschen Orchestern und kulturellen Institutionen im Ausland. Andere lassen sich jedoch klar den von Goebbels gewünschten und teilweise auch initiierten Strategien der Kulturpropaganda zuordnen. Dazu zählen zum Beispiel die Konzerte mit den Wiener Philharmonikern in Prag, der Hauptstadt des Protektorats Böhmen und Mähren im November 1940 und im März 1944 sowie die Auftritte im besetzten Dänemark im Februar 1942. Auch Konzerte in dem mit dem NS-Regime kooperierenden Ungarn und in den neutralen Ländern Schweiz und Schweden können den Propagandareisen zugerechnet werden.

Hitler selbst „hielt die musikalische Präsenz des Reiches jenseits der Grenzen für wichtiger"[18], als dass Furtwängler innerhalb Deutschlands bei Parteitagen der NSDAP oder zu anderen politischen Anlässen dirigierte. Es war ein tolerierter und sogar erwünschter Nebeneffekt dieser Strategie, dass Furtwängler und sein Orchester auf diese Weise in den Augen der Welt eine gewisse Unabhängigkeit vom Regime demonstrieren konnten und damit wiederum die Glaubwürdigkeit und Popularität ihrer Auftritte im Ausland stieg.[19] Die Tatsache, dass Furtwängler in der Tat bei vergleichsweise wenigen offiziellen Anlässen innerhalb des Reiches dirigiert hat, wird allerdings bis heute gerne als Argument für die Ferne des Dirigenten zum Regime angeführt.[20]

Wie erwähnt, verdeutlicht der Blick auf den Diskurs, der innerhalb der Vergangenheitsbewältigung um Künstler wie Furtwängler geführt wird, dass häufig auf den Mythos vom Künstler, der außerhalb der Gesellschaft steht und seine Kunst unberührt vom tagespolitischen Geschäft ausübt, zurückgegriffen wird, ohne dass dabei die hier angeführten Tatsachen mit einbezogen werden. Der Vollständigkeit halber sei allerdings angemerkt, dass auch bei jenen Teilnehmern des Diskurses, die explizit zu Furtwänglers internationalen Auftritten Stellung nehmen, keine Einigkeit über die Beurteilung dieser Auftritte herrscht. Auf der

---

17 Michael H. Kater: *The Twisted Muse* (Anm. 11), S. 201.
18 Fred K. Prieberg (Hg.): *Taktstock und Schaftstiefel: Erinnerungen an Wilhelm Furtwängler*. Köln 1996, S. 26.
19 Vgl. Ebd.
20 Vgl. unter anderem Peter Wackernagel: *Die Ära Furtwängler* (Anm. 16), S. 15.

Umbruch ohne Aufbruch 91

einen Seite konstatiert beispielsweise Michael H. Kater eine enge Beziehung zwischen Kunst und Politik, wenn er behauptet, die Konzerte und sogar die „mere presence [abroad] blew the horn of the Nazis".[21] Auf der anderen Seite bestreitet Fred K. Prieberg, dass Furtwänglers Darbietungen im Ausland politische Konsequenzen hatten, ja, dass der dieser Annahme zugrunde liegende Zusammenhang zwischen Kunst und Politik überhaupt möglich sei:

> Bisher existiert nicht die Spur eines Beweises, dass irgendein geistig wacher und informierter Bürger, weil er ein Gastkonzert aus NS-Deutschland oder einem kommunistischen Regime gehört hat, Nazi oder Marxist geworden ist. [...] Es bleibt beim schönen Glauben an den Zauber der Musik und daher bei den Denkfehlern und Missbräuchen, die dieser Glaube erst erzeugt.[22]

Allerdings gibt es auch zeitgenössische Berichte von Protesten gegen oder sogar spontane Absagen von Konzerten im Ausland, die darauf hinweisen, dass der Künstler Furtwängler und seine Auftritte durchaus auch als Repräsentanten des Regimes wahrgenommen wurden:

> Die Veranstalter hatten erklärt, sie könnten keine Gewähr für einen ungestörten Verlauf geben, da das Orchester aus einem Lande komme, in dem Künstler an der Ausübung ihrer Tätigkeit aus rein politischen Gründen verhindert würden.[23]

Typisch sind in der Diskussion um Furtwängler bis heute dennoch Aussagen wie diese: Seine „Tätigkeit hatte nichts mit Propaganda und Politik zu tun; ihr Inhalt war Pflege der Musik, nichts anderes."[24]

Oder auch diese:

> Was hatten alle diese politischen Probleme mit Musik zu tun? Sie waren künstlich zwischen ihn und sein Orchester gedrängt worden, zwischen ihn und die Opernsänger, mit denen er seit so vielen Jahren verbunden war, ganz zu schweigen von seinem Publikum, das ihn vergötterte und das seine Kunst wollte, ganz gleich was seine „politische Weltanschauung" sein mochte.[25]

Diese Beispiele verdeutlichen, dass sich der Mythos vom Künstler als gesellschaftlichem Außenseiter auf die Künstler im Nationalsozialismus nicht mit einer solchen Absolutheit und Eindeutigkeit übertragen lässt, wie es im Vergangenheitsbewältigungsdiskurs getan wird. Zudem wird der Außenseiter-Aspekt häufig in Verbindung mit dem zweiten für diese Untersuchung zentralen Gesichtspunkt dieses Mythos' – der quasi-religiösen Überhöhung des Künstlers – angeführt.

---

21   Michael H. Kater: *The Twisted Muse* (Anm. 11), S. 201.
22   Fred K. Prieberg: *Musik und Macht*. Frankfurt 1991, S. 186.
23   Berta Geissmar: *Im Schatten der Politik* (Anm. 16), S. 115.
24   Ebd., S. 91.
25   Ebd., S. 186.

Allerdings widersprechen die auf das Politische gerichteten Auslegungen der Aspekte sich eigentlich.

Die quasi-religiöse Überhöhung des Künstlers im Nationalsozialismus beruht auf der Interpretation von Furtwänglers Konzerten – wie auch anderer kultureller Ereignisse im sogenannten Dritten Reich, zum Beispiel Inszenierungen am Preußischen Staatstheater unter Gustaf Gründgens – als Formen des politischen Widerstands. Der Künstler übernimmt dieser Lesart nach gewissermaßen die Funktion eines spirituellen Führers, der dem Publikum durch seine Aufführungen emotionale und ethische Reinigung und Läuterung anbietet. Auch in dieser Darstellung steckt zunächst einmal ein Körnchen Wahrheit, denn Furtwängler setzte sich bekanntermaßen gelegentlich für Komponisten und Musiker ein, deren Musik nicht den Kunstvorstellungen des Regimes entsprach (meist weil sie jüdischer Abstammung waren). Konzertprogramme, die beispielsweise eine Symphonie, die auf Hindemiths verfemter Oper *Mathis der Maler* basiert, beinhalteten, lassen sich also durchaus nicht nur als kulturelles, sondern auch als politisches Signal verstehen. Aber die Interpretation des Konzertprogramms dieses brisanten Abends geht noch deutlich weiter, wenn die gesamte Auswahl der Musik als eine Art Dialog des Dirigenten mit seinem Publikum beschrieben wird:

> Furtwängler versucht, die Erregung zu stillen, indem er auf das Werk Hindemiths ein Cellokonzert Emanuel Bachs folgen lässt, und er endet den Abend mit den beschwichtigenden Klängen von Brahms Dritter Symphonie.[26]

Folgt man dieser Lesart, so war das Publikum sich dieser angeblich zugrundeliegenden politischen Aussagen der Konzerte bewusst und „die deutschen Musikfreunde nahmen die Gelegenheit wahr, ihre Gesinnung zu demonstrieren".[27] Als Beweis dafür werden die „begeisterte[n] Huldigungen" und der „frenetische[...] Beifallssturm"[28] angeführt, die als viel mehr denn nur Beifallsbekundungen eines musikalisch begeisterten Publikums – nämlich als politische Willensbekundungen – verstanden sein sollen.

Die Rückkehr Furtwänglers aufs Dirigierpult nach seinem einjährigen Rückzug von 1934/35 wird beispielsweise so beschrieben:

> Die Ovationen zum Schluss des Konzerts nahmen kein Ende. Zwanzigmal wurde [Furtwängler] hervorgerufen, die Frauen winkten mit den Taschentüchern, und alle riefen: „Hierbleiben, nicht mehr weggehen, wir wollen Furtwängler!" Die Polizei wollte zum Schluss aufräumen, die Leute hinausweisen, musste aber die Unmöglichkeit dieses Vorhabens gleich einsehen, zog dann schmunzelnd den Kürzeren. [...] Alles, was die Menschen heute nicht

---

26 Peter Wackernagel: *Die Ära Furtwängler* (Anm. 16), S. 14.
27 Berta Geissmar: *Im Schatten der Politik* (Anm. 16), S. 179.
28 Ebd., S. 179; Peter Wackernagel: *Die Ära Furtwängler* (Anm. 16), S. 14.

Umbruch ohne Aufbruch 93

sagen dürfen, was sie die lange Zeit des Entbehrens einfach schlucken mussten, kam hier in einem Herzen freien Lauf lassenden Jubel zum Ausdruck.[29]

Dabei wird besonderer Wert auf die Feststellung gelegt, dass das Publikum „schließlich kein Nazipublikum"[30] gewesen sei. Im Gegenteil:

Seine Konzerte wurden mit der Zeit immer mehr zu Sammelpunkten derer, die an das wahre Deutschland glaubten. Trost und Segen gingen von ihnen für alle aus, die Not litten, und wie viele das waren, zeigte der Besuch seiner Konzerte.[31]

Eine andere Darstellung geht so weit, zu behaupten:

Ein großer Teil des Publikums setzte sich aus Gesinnungsgenossen zusammen. [...] In die Furtwängler-Konzerte [gingen] die Leute des Widerstandes [...]. Hier trafen sich viele, die nach dem 20. Juli getötet wurden.[32]

In diesen und ähnlichen Beschreibungen der Konzertprogramme, der Rolle, die Furtwängler für sein Publikum spielte sowie der Zusammensetzung des Publikums, wird der Kunst des Dirigenten im Nationalsozialismus eindeutig eine politische Bedeutung zugeschrieben. Furtwänglers Konzerte werden als Möglichkeiten zum inneren – wenn nicht gar äußeren – Widerstand interpretiert, als Zeichen der Ablehnung der offiziellen (Kultur-)Politik und des Regimes, und als Sammelpunkt für jene, die diesem Regime kritisch gegenüber stehen. Kunst bietet demnach nicht nur einen Schutzraum vor der Tagespolitik, sondern auch „Trost" und" Erbauung".[33]

An dieser Stelle der Argumentation ist die Erhöhung des Künstlers zum spirituellen Führer seines Publikums spürbar: Der Künstler kann demnach seine Kunst – im Falle Furtwänglers eben die klassische Musik – einsetzen, um mit ihr „die Menschen über das Unglück [der Politik] hinwegzutrösten".[34] Vor allem mit Blick auf die Kriegsjahre häufen sich die Beschreibungen der Konzerte als „Erlösung und Erhöhung in der Welt des Schönen [...] Stunden des Vergessens und der Beglückung" und als „Triumph des Geistes über die Materie, letzter Halt in einer stürzenden Welt".[35]

---

29   Elisabeth Furtwängler: *Über Wilhelm Furtwängler*. Wiesbaden 1979, S. 125.
30   Klaus Lang (Hg.): *„Lieber Herr Celibidache ...": Wilhelm Furtwängler und sein Statthalter – ein philharmonischer Konflikt in der Berliner Nachkriegszeit*. Zürich 1988, S. 30. (Aussage von Elisabeth Furtwängler.)
31   Friedrich Herzfeld: *Wilhelm Furtwängler. Weg und Wesen*. München 1950, S. 107.
32   Elisabeth Furtwängler: *Über Wilhelm Furtwängler* (Anm. 29), S. 129.
33   Peter Wackernagel: *Die Ära Furtwängler* (Anm. 16), S. 14.
34   Klaus Lang (Hg.): *„Lieber Herr Celibidache ..."* (Anm. 30) S. 59.
35   Friedrich Herzfeld: *Wilhelm Furtwängler, Weg und Wesen* (Anm. 31), S. 115; Karla Höcker: *Begegnung mit Furtwängler*. Gütersloh 1956, S. 32.

Besonders deutlich wird die Verbindung der quasi-religiösen Überhöhung des Künstlers mit den tagespolitischen Gegebenheiten im Nationalsozialismus in den Termini, die der Religion, dem Spirituellen und auch dem Militärischen entstammen und die diesen Teil des Diskurses dominieren. So wird Furtwängler als „unser Meisterdirigent" tituliert, der durch die ihm und seiner Kunst eigene „Magie des Außerordentlichen" zum „Inbegriff des geistigen Deutschen von europäischem Rang" wird.[36] Die Berliner Philharmoniker unter seiner Leitung werden als Botschafter der ‚wahren' deutschen Kultur beschrieben, welche die deutschen Tugenden „Treue, Qualität, Verantwortungsbewusstsein, kameradschaftliches Zusammenhalten und berlinischen Elan"[37] in der Welt vertreten. Kunst insgesamt wird in diesen Beschreibungen zum „Reich der großen Verzauberung", zum „magische[n] Augenblick", in dem die Stimme des „Strengen und Göttlichen" zu vernehmen ist, die durch die „priesterlich rein[e]" Manier des Künstlers vertreten wird.[38]

Auch in Beschreibungen der Konzertabende Furtwänglers zur Zeit des Nationalsozialismus finden sich Spuren dieses Aspekts des Künstlermythos:

> Welche Stürme der Sehnsucht erfüllten unsere Herzen, wenn er uns in den Jahren der Angst aus den Chören des „Fidelio" den ewigen Ruf der Freiheit hören ließ! Mitten in einer gottlosen Welt türmte er aus den Sinfonien Bruckners den strahlenden Dom des Glaubens, und über die Lichtbögen der Oratorien und Konzerte Bachs führte er uns aus der Welt des Gemeinen zur Erkenntnis ewiger Gesetzlichkeiten.[39]

Die Rolle des politischen Künstlermythos bei der (Re-) Konstruktion der deutschen Identität nach 1945

Die zahlreichen Beispiele belegen, wie zwei zentrale Aspekte des Künstlermythos – die Außenseiterstellung und die quasi-religiöse Funktion – in diesem Diskurs aufgegriffen und der politischen Situation im Nationalsozialismus angepasst, beziehungsweise mit politischen Inhalten erweitert werden. Zudem ist deutlich geworden, dass andere, kritischere Interpretationen dieses Künstlertums im „Dritten Reich" in der Debatte kaum Gewicht haben. Im Folgenden sollen nun abschließend die Teilnehmer des Diskurses analysiert und versucht werden,

---

36 Friedrich Herzfeld: *Wilhelm Furtwängler* (Anm. 31), S. 92; Karla Höcker: *Sinfonische Reise.* Gütersloh 1954, S. 7, 22.
37 Karla Höcker: *Sinfonische Reise* (Anm. 36), S. 28.
38 Friedrich Herzfeld: *Magie des Taktstocks.* Berlin 1953, S. 89; Frank Thiess: Nekrolog. In: Frank Thiess (Hg.): *In Memoriam Wilhelm Furtwängler. Zwei Gedenkreden.* Wien 1955, S. 5–9, hier S. 6.
39 Frank Thiess: Nekrolog. In: *In Memoriam Wilhelm Furtwängler. Zwei Gedenkreden* (Anm. 37), S. 12.

die Frage nach den Gründen für diesen Rückgriff auf den auratischen Künstlerbegriff und nach seiner Funktion innerhalb der deutschen Vergangenheitsbewältigung zu beantworten.

Der Versuch, die zahlreichen Verweise auf den Künstlermythos innerhalb des Diskurses zu Furtwängler und anderen Künstlern im Nationalsozialismus zurückzuverfolgen, führt zunächst einmal zu jenen Personen, die im Mittelpunkt der Debatte stehen: den Künstlern selbst. So haben zum Beispiel viele der Anekdoten und Argumente, welche die Position des Künstlers außerhalb der Gesellschaft und damit seine Unberührtheit von tagespolitischen Entwicklungen sowie seine Regimeferne belegen sollen, ihren Ursprung in Aussagen, welche die Künstler selbst, unter anderem während ihrer Entnazifizierungsprozesse, getätigt haben. Auch haben einige der Künstler die Medien der jungen Bundesrepublik für sich zu nutzen gewusst.[40]

Unter jenen, die diese Argumente aufgreifen und weiterverbreiten, befinden sich viele Diskussionsteilnehmer, die mit den Künstlern persönlich bekannt sind: Freunde, Ehefrauen, Kollegen und Weggefährten halten die Erinnerung an die Künstler hoch – und damit auch an einen Teil ihres eigenen Lebens (worauf noch zurückzukommen sein wird).

Darüber hinaus lässt sich konstatieren, dass auch die Diskussionsteilnehmer, die keine persönliche Beziehung zu den Künstlern im Mittelpunkt der Debatte haben, oft zumindest eine gewisse berufliche und gesellschaftliche Affinität zum Künstlertum und damit zum Thema der Debatte aufweisen. Dazu gehören zunächst diejenigen, die in unmittelbarer Zeitgenossenschaft zu den Künstlern lebten. Der Begriff der ‚Zeitgenossenschaft' erstreckt sich hier nicht nur auf die Lebensdaten, sondern vor allem auch auf eine Art ‚Leidensgenossenschaft': Damit sind ähnliche Erlebnisse und Erinnerungen gemeint, vor allem die Erfahrung des Lebens und der Tätigkeit im Nationalsozialismus. Zudem beteiligen sich unter den Nachgeborenen vor allem diejenigen an der Debatte, die demselben Milieu oder verwandten Milieus wie die diskutierten Künstler angehören. Dazu gehören zum Beispiel Kritiker, Schauspieler, Kulturjournalisten, Orchestermusiker und Mitglieder ähnlicher Professionen – aber kaum eine Person, die sich

---

40 Gustaf Gründgens hat zum Beispiel in mehreren Titelgeschichten im *Spiegel* und in Fernsehinterviews seine Version der Historie erzählt und dabei durch abgeklärte Reminiszenzen wie die an den „witzigsten Dreh" seiner Karriere (die Dreharbeiten zum Propagandafilm *Ohm Krüger*) versucht, seine Regimeferne und Unberührtheit von den Zwängen der Politik zu belegen – zumeist ohne dabei kritisch hinterfragt zu werden. Vgl. Warum ich ein Kassenschlager bin. Mit der Nase dicht am Feind. In: *Der Spiegel*, 20 (1949) S. 26–28 sowie „Ich bin ein verirrter Preusse". Ein SPIEGEL-Gespräch mit Gustaf Gründgens, Generalintendant am Deutschen Schauspielhaus in Hamburg. In: *Der Spiegel*, 2 (1958) S. 40–46 [beide ohne Angabe des Verfassers]. Siehe auch Hebert Ihering: Schachspiel der Kunst. In: *Der Spiegel* 14 (1964), S. 102–103.

dem deutschen Kunst- und Kulturbetrieb von Außen, als gänzlich Unbeteiligter, nähert.

Hier lässt sich eine mögliche Erklärung dafür finden, dass in der Debatte um die Künstler im Nationalsozialismus die hier beschriebenen Aspekte des Künstlermythos aufgegriffen und mit tagespolitischen Inhalten angereichert und die draus entstandenen Darstellungen – teils wider belegbare historische Fakten – kontinuierlich weiter verbreitet werden. Die Aufrechterhaltung und Weiterverbreitung des Bildes vom auratischen Künstler, der im „Dritten Reich" leben und wirken, dabei aber von den Niederungen des Politischen unberührt bleiben und außerdem noch spirituelle Führung für andere bieten konnte, birgt auch die Möglichkeit, die eigene beziehungsweise die deutsche Vergangenheit in einen ähnlichen Sinnzusammenhang zu stellen. Ein Angriff auf die positiv-verzerrte Darstellung dieser Künstler im öffentlichen Diskurs, sei er auch wissenschaftlich formuliert und, soweit möglich historisch belegt, kommt daher einem Angriff auch auf diejenigen gleich, die sich an der öffentlichen Debatte beteiligen. Sofern diese Diskussionsteilnehmer zudem noch Zeitgenossen der Künstler sind, spiegelt sich hier außerdem der Generationskonflikt wider, bei dem die „lebenden Zeugen" und die „Zeugen aus Papier" miteinander um die Deutungshoheit über die Vergangenheit ringen.[41]

Doch die Einbindung der mythischen Elemente in die Debatte um Künstler im Nationalsozialismus wird nicht nur durch die Zusammensetzung der Diskussionsteilnehmer erklärt. Darüber hinaus verweist diese Einbindung auf die Verknüpfung von Mythen, Erinnerungen und der (Neu-)Konstruktion von gesellschaftlichen Identitäten, wie sie zum Beispiel Bo Stråth untersucht hat.[42] Mythen helfen demnach dabei, einen Rahmen zu konstruieren, innerhalb dessen die kollektive Erinnerung stattfindet. Innerhalb dieses Rahmens werden sie auch dazu eingesetzt, das Verhältnis einer Gesellschaft zu ihrer Erinnerung zu definieren und zu reflektieren, wodurch der Mythos zu einem wichtigen Teil der Konstruktion einer kollektiven gesellschaftlichen Identität wird.[43]

Gerade nach gesellschaftlichen Katastrophen oder traumatischen Umbrüchen wie dem Untergang des „Dritten Reiches" hilft der Rückgriff auf mythische Elemente im öffentlichen Diskurs demnach dabei, die Katastrophe zu verarbeiten und aus ihr eine neue, positive Identität für die Gesellschaft zu konstruieren.[44]

---

41 Vgl. Doris Meierheinrich: Die ersten Tage von Pompeji. Auf den Spuren einer Biografie: Ein Berliner Symposium über Gustaf Gründgens. In: *Tagesspiegel*, 10.1.2000.
42 Bo Stråth (Hg.): *Myth and Memory in the Construction of Community. Historical Patterns in Europe and Beyond*. Brüssel 2000.
43 Vgl. Ebd., S. 20–28.
44 Vgl. Hayden White: Catastrophe, Communal Memory and Mythic Discourse: The Uses of Myth in the Reconstruction of Society. In: Bo Stråth (Hg.): *Myth and Memory* (Anm. 42), S. 49–74.

An den hier beschriebenen Versuchen, durch die Einbindung von Elementen des traditionellen Künstlermythos das Verhalten von Künstlern im Nationalsozialismus zu erklären und zu entschuldigen, lässt sich daher einiges über die Debatte um die kollektive nationale Identität nach 1945 ablesen.

Zum einen spiegelt sich darin die im öffentlichen Diskurs nach wie vor vorhandene Sehnsucht danach wider, die privaten Erinnerungen an das Leben im „Dritten Reich" mit der öffentlichen Diskussion um das moralisch richtige Verhalten zu dieser Zeit in Einklang zu bringen. Furtwängler und ähnlichen Künstlern war es möglich – so funktioniert dieses Argument – von der Tagespolitik unberührt in ihrer Kunst moralische Werte zu vertreten und diese durch die Zeit des Nationalsozialismus hindurch zu bewahren. In einem Akt der projizierenden Verallgemeinerung werden sie, in ihrer Rolle als spirituell-geistige Führer, zu einem Symbol für die Sehnsucht nach dem ganz normalen ‚anderen Deutschen', dem es ebenfalls gelungen ist, in seinem Alltag und seiner Profession von den Niederungen des Nationalsozialismus unberührt zu bleiben. Der Rückgriff auf den Künstlermythos hilft dabei, „[to] convey the feeling and the security of ‚identity', of ‚being one of us'".[45]

Darüber hinaus repräsentiert die Verklärung dieser Künstler durch die Einbindung in den Künstlermythos auch „den Wunsch der Deutschen, einen Schlussstrich zu ziehen".[46] Ihre Kunst, wie auch der Genuss ihrer Kunst durch ihre Rezipienten, wird zu einem symbolischen Akt verdichtet und verklärt, in dem sich Widerstand, Moral, und die Aufrechterhaltung der ‚wahren deutschen Kunst' ausdrücken.

Dass der Künstler im Nationalsozialismus als ‚auratisch' typisiert wird, hilft zudem dabei, ein grundlegendes Problem der deutschen Indentitätsfindung nach dem Ende des ‚Dritten Reiches' zu überwinden.

> The ultimate trauma of 1945 resulted not only from ruin and rape, death and defeat, but also from the sudden loss of self-respect and moral integrity. The utmost barbarism had taken place in the nation that had based its identity on *Kultur* [...]. The triumphant notion of a German *Kulturnation* was replaced by the traumatising disclosure of the Holocaust.[47]

Es ist also kein Zufall, dass gerade im Bereich der Vergangenheitsbewältigung, in dem über Künstler und Kunst debattiert wird, bis ins einundzwanzigste Jahrhundert hinein ein großer Umbruch, der zu einer wahrhaft kritischen Auseinander-

---

45 Wolfgang Kaschuba: The Emergence and Transformation of Foundation Myths. In: Bo Stråth (Hg.): *Myth and Memory* (Anm. 42), 217–226, hier: 219.
46 Thomas Lackmann: Wer schwul ist, bestimme ich. Die „Deutsche Trilogie" des Johann Kresnick ist vollendet. Zur 50-Jahrfeier tanzt und tobt „Gründgens" in Hamburg. In: *Tagesspiegel*, 3.4.1995.
47 Bernhard Giesen: National Identity as Trauma: The German Case. In: Bo Stråth (Hg.): *Myth and Memory* (Anm. 42), S. 227–247, hier: 241.

setzung führen könnte, nur teilweise erfolgt ist. Die umstrittene Beziehung von Künstlern wie Furtwängler zum Regime, ihr zumindest teilweises Versagen in moralischen Fragen und ihre allzu oft willfährige und duldende Haltung gegenüber dem Missbrauch der Kunst als Propagandainstrument, rührten tief an das deutsche Selbstverständnis. Die Anlehnung an das auratische Verständnis vom Künstler hingegen hilft dabei, bei dem Versuch der Identifikationskonstruktion dieses Trauma durch positive Identifikation mit Vorbildern wie Furtwängler zu überwinden.

Die Analyse der Verweise auf den Künstlermythos im Diskurs zu Furtwängler und anderen Künstlern im sogenannten Dritten Reich legt den Schluss nahe, dass die öffentliche Debatte mit der Dekonstruktion dieses Mythos kaum begonnen hat. Stattdessen wird der traditionelle Künstlermythos durch die Einbindung alltagspolitischer Inhalte aus der Sondersituation des Nationalsozialismus gefüllt, verfremdet und für einen bestimmten Zweck – der Exkulpation dieser Künstler und letztlich der Konstruktion der deutschen Identität als einer Nation von im Prinzip ‚guten' Kunstliebhabern – eingesetzt. Aus den vielen politischen und gesellschaftlichen Umbrüchen seit 1945 konnten daher bisher keine echten Aufbrüche im Diskurs um Künstler im Nationalsozialismus hervorgehen.

Niederlage und Aufbruch. *Die Toten bleiben jung* von Anna Seghers

Bernhard Spies

Als Anna Seghers im Jahr 1947 nach Deutschland zurückkam, hatte sie das fast vollständig ausgearbeitete Manuskript eines Romans im Gepäck, der unter dem Titel *Die Toten bleiben jung* 1949 etwa zeitgleich bei Aufbau und Suhrkamp erschien – es war die letzte gesamtdeutsche Erstveröffentlichung von Anna Seghers. Das umfangreiche epische Werk ist als Roman einer Epoche angelegt, die vom Ende des Ersten Weltkriegs bis zum Ende des Zweiten Weltkriegs reicht. Der Anspruch des Romans geht dahin, die Entwicklung der Gesellschaft in der Weimarer Republik und im nationalsozialistischen Deutschland bis zur militärischen Zerschlagung 1945 in allen wichtigen Zügen zu durchleuchten. Dass der Rückblick auf knapp drei Jahrzehnte, deren Not und Gewalt alles bisher Gekannte in den Schatten stellten, eine Linie von der Niederlage zu einem Aufbruch in neue und bessere Zeiten ziehen würde, das war von dem Roman zu erwarten, schon deshalb, weil er aus der Feder von Anna Seghers stammte.

Die Schriftstellerin, 1900 in Mainz geboren, war 1933 ins Exil gegangen, weil ihr Leben gleich aus zwei Gründen durch die Nationalsozialisten bedroht wurde: Zum einen war sie jüdischer Herkunft, zum anderen war sie 1928, im Jahr ihres literarischen Durchbruchs, der Kommunistischen Partei beigetreten und am Beginn der 30er Jahre die wohl prominenteste Frau in der relativ großen Gruppe von Schriftstellern und Theaterleuten, die sich politisch an der Position der Kommunisten orientierten. Mit der Flucht im März 1933 rettete sie ihr Leben, aber in jeder anderen Hinsicht bedeutete das Exil erst einmal einen Nullpunkt. Dass sie mit ihrem Mann und ihren beiden Kindern überhaupt überleben konnte, dass sie sich zunächst in Paris und ab 1941 in Mexiko Rudimente einer bürgerlichen Existenz aufbauen konnte, dass einer ihrer im Exil geschriebenen Romane, *Das siebte Kreuz*, ihr schon 1942/43 zu internationaler Berühmtheit verhalf, diese persönlichen Erfolge standen in einem merkwürdigen Kontrast dazu, dass Hitler-Deutschland seine Macht fast ein Jahrzehnt lang schier unaufhaltsam ausdehnte und alles, was der Schriftstellerin politisch und persönlich wichtig war, niederwalzte und endgültig zu vernichten drohte. Im Jahr 1944 aber, als Anna Seghers die Arbeit an *Die Toten bleiben jung* begann, stand eine grundlegende Veränderung der Lage bevor. Die Niederlage Hitlers war absehbar, an der Entschlossenheit aller Alliierten, dem deutschen Nationalsozialismus ein Ende zu setzen, wie an ihrer Fähigkeit dazu konnte kein Zweifel mehr sein, und die Exilanten, die sich gegen den europäischen Faschismus und speziell gegen den deutschen Nationalsozialismus engagiert hatten, konnten sich, um es etwas pathetisch auszudrücken, historisch ins Recht gesetzt sehen. Jeder Exilant konnte auf den Aufbruch hoffen, der seinen Vorstellungen gemäß war. Und der Roman erfüllt diese Erwartung durchaus: Er handelt von einem Aufbruch.

Aber wie! Schon der befremdliche Titel weist darauf hin. *Die Toten bleiben jung* – nach Rückblick klingt das schon, nach Aufbruch nicht.[1] Die paradoxe Formulierung *Die Toten bleiben jung* passt aber perfekt auf den Roman. Dieser beginnt mit einer Hinrichtung:

> „Macht Schluß!" Erwin verstand die Worte, obwohl der Hauptmann nur knurrte. Er begriff, daß sein Ende bevorstand. Als gestern die weißen Garden den Marstall gestürmt hatten, war ihm sein eigener Tod noch unfaßbar erschienen.[2]

Erwin ist ein junger Soldat, der sich während des Kriegs vom deutschnationalen Patrioten zum Gegner des Kriegs und des kriegsträchtigen sozialen und politischen Systems gewandelt hat, der sich nach Kriegsende in Berlin auf Seiten der Arbeiter- und Soldatenräte an den Kämpfen um den neuen postwilhelminischen Staat beteiligt hat und bei der Erstürmung des Marstalls durch Freikorps von diesen gefangen genommen wurde. Dieser Erwin wird nun von Freikorps-Soldaten in einem Wald hinter dem Wannsee ermordet. Seine Freundin, die schwanger ist, erfährt niemals, was mit ihm geschehen ist. Der Sohn, den sie zur Welt bringt, wächst heran und entwickelt die gleichen politischen Neigungen wie sein Vater, von dem er nichts weiß. Er findet seine Freundschaften und Vorbilder im Milieu der kommunistischen Arbeiterbewegung. Noch im konsolidierten NS-Staat kurz vor dem Beginn des Zweiten Weltkriegs versucht er sich an Widerstandsaktionen. Er wird zur Wehrmacht eingezogen und kämpft an der Ostfront.

---

1   Ursprünglich sollte dieser Titel auch über einem anderen Text stehen, nämlich über der Erzählung, die dann unter dem Titel *Der Ausflug der toten Mädchen* 1946 im New Yorker Aurora-Verlag erschien. Diese Geschichte entstand 1943/44 in Mexico City nach einem schweren Unfall, der Anna Seghers fast das Leben kostete. Es handelt sich um eine Art Traumnovelle: Die Ich-Erzählerin, die unverkennbare Ähnlichkeiten mit der Verfasserin aufweist, versetzt sich aus einer mexikanischen Wüstenlandschaft in ihre Kindheit nach Mainz zurück; sie wiederholt einen Ausflug mit ihrer Schulklasse, und während sie mit den Freundinnen spielt und vom Schiff aus die Landschaft betrachtet, ist ihr zugleich gegenwärtig, dass die jungen Mädchen in wenigen Jahren sich auf alle Seiten der politischen Gegensätze verteilen – aktive Gefolgsfrauen des Faschismus sind ebenso darunter wie bloße Mitmacherinnen, aber auch Widerstandskämpferinnen. Auch beim Heimweg durch die Mainzer Innenstadt ist der Erzählerin immer beides präsent, die frühere Stadt und die Ruinenlandschaft, zu der sie in den Kriegsjahren wird.

2   Anna Seghers: *Die Toten bleiben jung. Roman*, Hamburg, Zürich 1963, S. 7. Zitatnachweise aus dieser Ausgabe erfolgen künftig durch eingeklammerte Ziffern im Fließtext.

Niederlage und Aufbruch 101

Kurz vor Kriegsende bereitet er zusammen mit einigen Kameraden die Desertion zur Roten Armee vor, wird aber verraten und hingerichtet. Der Tote hinterlässt eine schwangere Freundin, die einen Sohn zur Welt bringen wird. Der Kreis ist geschlossen, die Ausgangslage von 1918 wiederhergestellt. Das wird noch dadurch unterstrichen, dass der Offizier, der die Hinrichtung des Sohnes befiehlt, auch an der Ermordung des Vaters beteiligt war.

Das zirkuläre Verhältnis von Anfang und Ende ergibt ein überaus düsteres Bild. Die eigentlich glückliche Fügung, dass der Sohn des getöteten Vaters ganz aus sich heraus dessen Lebensprogramm fortsetzt, wird in ihr Gegenteil verkehrt: Die unbeirrbare Fortsetzung eines oppositionellen Lebenswegs hat nicht mehr bewirkt als die Reproduktion des blutigen Ausgangspunkts. Auf den ersten Blick bringt der Wunsch nach einer alternativen Gesellschaft und Politik nichts zustande außer Opfern auf der Seite derer, die den Wunsch realisieren. Eine Relativierung der Niederlage liegt einzig darin, dass 1944 auch die Befehlshaber und Exekutoren der Gewalt dem Niedergang entgegensehen. Dass die Gewalt sich auch gegen die richten wird, die sich 1919 durchsetzten, ist schon in der Eröffnungsszene angedeutet. Die letzte Äußerung des jungen Mannes vor seiner Hinrichtung lautet:

> Er rief oder glaubte zu rufen, denn seine Stimme war schwach: „Ihr könnt jetzt Schluß mit mir machen. Ihr kommt aber auch noch dran." Er fiel um, in den Kopf getroffen. (10)

Der Wehrmachtsoffizier, der sich 1944 selber in den Kopf schießt, ist die gleiche Person wie der Leutnant, der damals den tödlichen Schuss auf den Gefangenen abgab. Nun gibt er sich selber den Schießbefehl mit den gleichen Worten, mit denen er ihn 1919 empfing: „Er hörte nur ihre strenge Stimme: 'Mach Schluß!'" (447)

Der Selbstmord des deutschen Offiziers, der den Untergang der Wehrmacht und des Dritten Reichs antizipiert, deutet nicht nur eine mögliche Relativierung des unheilvollen Zirkels an, den die proletarisch-kommunistische Anstrengung auf ihren Ausgangspunkt zurückwirft. Er vollendet zugleich einen anderen Zirkel, nämlich den des preußischen Adels im vergeblichen Kampf gegen seinen Untergang. Von Wenzlow, so heißt der besagte Offizier, stammt aus einer preußischen Adelsfamilie, die seit vielen Generationen Militärs gestellt haben, die dem jeweiligen Staat treu ergeben waren. Seghers' Roman zeichnet sie keineswegs als brutale Totschläger, eher im Gegenteil: Ihre persönliche Tapferkeit, ihre Loyalität wie ihre militärische Effizienz beruhen auf einer eigenen Ethik des Dienstes und der Verantwortung für geordnete Verhältnisse. Sie werden nicht als Bösewichter denunziert, sondern als Menschen charakterisiert, die an einer Vergangenheit ausgerichtet sind, die längst vorbei ist, sofern es sie so je gab. Dass hier ein möglicher guter Wille in Borniertheit verkümmert, wird vor allem an den zivilen Mitgliedern der adligen Familien, namentlich den weiblichen, deutlich. Dass ein ursprünglich ethischer Impuls aus Blindheit gegenüber längst eingetretenem Bedeutungsverlust die Adligen entweder verbittert oder sie als Militärs zur leicht zu handhabenden Verfügungsmasse für jede Großmachtpolitik prädestiniert, das zeigen Figuren wie die von Wenzlows oder Otto von Lieven. Die Kaste der adligen Grundbesitzer und Militärs befindet sich schon 1918/19 in einem Abwehrkampf gegen ihren sozialen und ethischen Ruin. 1944 muss diese Schicht feststellen, dass sie durch die gewaltsame Selbstbehauptung und den Sieg zunächst gegen die Linken und dann über die demokratische Republik nichts gewonnen haben, sondern nun selber in die Niederlage geraten sind, die sie 1919 im Bürgerkrieg um die Staatsraison der Nachkriegsrepublik den Linken beigebracht haben. Auch hier liegt eine Kreisbewegung vor, die den Ausgangspunkt, den absehbaren und umso hektischer abgewehrten Niedergang, erneuert und bekräftigt.

Analoge Zyklen durchlaufen alle übrigen sozialen und politischen Kollektive. Es gibt mehrere Handlungsstränge, die in der bäuerlichen Bevölkerung spielen. Sie führen vor, wie die Verhältnisse auf dem Land den Nationalsozialisten zu einem Rekrutierungsfeld verhelfen. Das war schon das Thema des Romans *Der Kopflohn* (1933), des ersten Exilromans der Anna Seghers. Im zeitlichen Längsschnitt des Epochenromans wird allerdings sehr viel deutlicher, dass alle Versuche dieser Leute, durch aktive Beteiligung vor allem an der militanten Gewalt des Nationalsozialismus wichtig zu werden, an der Macht zu partizipieren und durch vorbehaltlos geleistete Dienste auch sozial aufzusteigen, nur in den vollkommenen Ruin führen, und das in jeder Hinsicht: der moralischen, der ökonomischen und der physischen. Das gleiche gilt für das städtische Proletariat, sofern es sich den Faschisten anschließt. Vergleichbares ereignet sich sogar in den Kreisen der rheinischen Großindustriellen, die für das Kapital stehen. Mit dem Adel zum Teil versippt, haben sie auf den Faschismus gesetzt und ihn unterstützt, damit er ihre ökonomische Macht über die Gesellschaft sichert und ausbaut und ihnen nach außen Märkte und Rohstoffquellen erobert. Sie erleben nun, dass auch sie an der Untergrabung dieses Ziels wie aller ihrer Mittel, es zu erreichen, mitgewirkt haben. Für den Roman fällt entscheidend ins Gewicht, dass alle menschlichen Zusammenhänge vergiftet und zerstört werden, diejenigen innerhalb der Industriellenfamilien, vor allem aber die im Verhältnis zu den Untergebenen, deren Arbeit und Loyalität sie ihre ökonomische und soziale Macht verdanken.[3]

---

3   Dafür steht zum Beispiel die Geschichte des Chauffeurs Becker, der seine im Krieg entwickelte bedingungslose Loyalität zu seinem Offizier von Klemm auf das zivile Beschäftigungsverhältnis überträgt und sich so lange bedingungslos ausnützen lässt, als ihm sein Herr immer wieder Zeichen kumpelhafter Anerkennung zukommen lässt. Als er bemerkt, dass dies nur die Fassade einer verächtlichen Rücksichtslosigkeit ist, vernichtet ihn diese Entdeckung buchstäblich. Episoden wie diese sollen den Zynismus aufdecken, der in der offiziellen

Niederlage und Aufbruch

Dass der Epochenroman über die Periode vom Ende des Ersten Weltkriegs bis zum Ende des Zweiten die Geschichte Deutschlands als Verschlingung solcher Zyklen vorstellt, ist von entscheidender struktureller Bedeutung. Alle hier skizzierten Kreisbewegungen laufen nämlich nicht einfach nebeneinander, sondern vor allem gegeneinander: Dass die proletarisch-sozialistische Bewegung durch alle Anstrengungen und Opfer hindurch nur wieder zurück zu ihrem Ausgangspunkt führt, hat eine Ursache, und diese Ursache liegt in den Erfolgen des Kapitals und der rechtsradikalen bzw. faschistischen Kräfte. Dass diese durch den Krieg, der ein notwendiges Mittel ihres Machtanspruchs darstellt, ihre eigenen Erfolge und ihre Macht untergraben, begründet umgekehrt den Hoffnungsschimmer, den der Roman über den zweiten Tod legt: Auch dieser hat einen Sohn, der den Kampf um eine bessere Welt fortsetzen wird, so dass auf der sozialistischen Seite zwar kein Sieg zu verzeichnen, aber so etwas wie Unbesiegbarkeit erwiesen ist. Wenn Anna Seghers die geschichtliche Periode von 1919 bis 1945 als Ineinander von mehreren Zyklen vorstellig macht, in denen antagonistische Klassen und Interessen sich von einer historischen Katastrophe in die nächste bewegen und sich diesen zerstörerischen Zirkel wechselseitig aufzwingen; wenn sie damit nicht aufhören können, weil für jeden selbst in der katastrophalen Niederlage durch die Niederlage der Gegenseite auch die Möglichkeit zur Fortsetzung des eigenen Kampfes liegt; wenn wir also die Gesamtbewegung des Romans ins Auge fassen, so tritt vor allem die Absurdität dieser Bewegung in den Vordergrund. Von einem Sisyphos, in dessen Mythos Camus seine ganze Philosophie des Absurdismus verkörpert sah,[4] unterscheiden sich die beiden Generationen von sozialistischen Arbeitern, die nur aufgrund ihres Todes jung bleiben, nur in einer Hinsicht: in der Hinsicht, dass für die politischen Gegner von der Rechten der erste Tod für einen Sieg, der zweite aber für eine Niederlage steht. Insofern, und nur insofern, haben die Toten einen möglichen Sinn, der die äußerste Sinnwidrigkeit des faktischen Geschichtsverlaufs vor dem Gesamturteil der Absurdität bewahrt. Der Abstand zur Sinnlosigkeit ist klein, aber entscheidend – entscheidend, aber klein.[5]

Anerkennung der Kommandoempfänger durch die politischen und ökonomischen Herren der NS-Nation steckt.

4 *Le mythe de Sisyphe* von Albert Camus erschien zuerst 1942 im von der deutschen Wehrmacht besetzten Paris.

5 Mit diesem Umstand hatten vor allem Literaturwissenschaftler in der DDR zu kämpfen, die sich in der Verlegenheit sahen, die Seghers'sche Poetik als konform mit der Doktrin des Sozialistischen Realismus zu besprechen und dabei offenkundige Differenzen als unterschiedliche Grade relativer Übereinstimmung zu erläutern. Beim Zirkel des proletarischen Schicksals verweigert selbst Kurt Batt in seiner immer noch lesenswerten Pionierarbeit über Anna Seghers' Werk dem Roman diesen apologetischen Dienst. Stattdessen macht er eine „gewisse Schwäche in der Gesamtanlage des Romans" aus: „Denn die Symbolik, die im Titel angekündigt wird, tritt nicht aus dem erzählten Gesamtgeschehen hervor, wie etwa im *Siebten Kreuz*

Poetik der Hoffnung in der Niederlage: *Das siebte Kreuz*

Wie gering dieser Abstand ist, soll ein Vergleich mit dem wohl bekanntesten Roman der Anna Seghers verdeutlichen. *Das siebte Kreuz* entstand im Pariser Exil in den Jahren 1938 und 1939. Die erste deutsche Ausgabe erschien 1942 im Exilverlag *El libro libre* in Mexico City. Der Roman, einer der bedeutenden Deutschlandromane des Exils, lässt sich sehr gut als Dokument des sogenannten ‚Anderen Deutschland' lesen. Wie die meisten exilierten Schriftsteller verstand Anna Seghers die Vertreibung durch den Nationalsozialismus als die Aufgabe, jenseits von Hitlers Machtbereich ein Deutschland zu repräsentieren, das dem nationalsozialistischen in jeder politischen und moralischen Hinsicht entgegengesetzt war. Wie die meisten linken Schriftsteller begriff sie die Aufgabe der Repräsentation nicht so, dass jeder exilierte Autor, der sich als Schriftsteller behauptete, diese Aufgabe auch schon erfüllte.[6] Vielmehr ging es ihr darum, dem Ausland, daher erst einmal sich selber glaubhaft zu machen, dass es in Deutschland nicht nur entschlossene Anhänger und bedenkenlose Mitmacher des NS-Regimes gab, sondern dass eine Basis für ein ganz anderes, antifaschistisches Deutschland in Deutschland vorhanden war. Die sogenannten Widerstandsromane aus den ersten Exiljahren entsprachen diesem Bedürfnis, indem sie von Gruppen und Individuen erzählten, gegen deren Widerstand der NS-Staat das Äußerste an Gewalt aufbieten musste, um ihrer Herr zu werden. So gab man auch einer Erwartung Ausdruck, die im Exil über viele Jahre hinweg verbreitet war, dass nämlich das Hitler-Regime in Kürze zusammenbrechen und an eigener Inkompetenz sowie dem massenhaften Unwillen zum Gehorsam zuschanden werden müsse. Diese Illusion hatte Anna Seghers noch nie geteilt, davon zeugen ihre frühen Exilromane. Im Jahr 1938 aber konnte und wollte niemand mehr darauf bauen, dass Hitlers Herrschaft von innen angefochten sei, sie erst recht nicht. So führt denn der Roman eine durchgesetzte nationalsozialistische Herrschaft vor, die die vorgefundene Gesellschaft größtenteils ohne weiteres für ihre politischen Zwecke verwendet, die den aktiven Einsatz für die NS-Gewalt als berufliche Karriere anbieten kann und die die öffentliche wie die private Moral längst so modelliert hat, dass es ihr an beamteten wie privatinitiativen Spitzeln nicht fehlt. Der Roman

---

    oder in *Transit*, sondern sie ergibt sich aus einem schmal angelegten Rahmen innerhalb des proletarischen Handlungsstrangs." Kurt Batt: *Anna Seghers. Versuch über Entwicklung und Werke*, Leipzig 1973, S. 180.

6   Vgl. das berühmte Diktum von Thomas Mann, geäußert in einem Interview aus Anlass seiner Ankunft im zweiten Exilland USA: „Wo ich bin, da ist die deutsche Kultur." Für die Erklärung der Berechtigung dieses Satzes wendet Heinrich Mann in seiner Autobiographie *Ein Zeitalter wird besichtigt* ein ganzes Kapitel. Heinrich Mann: *Ein Zeitalter wird besichtigt. Erinnerungen* (1946), Frankfurt am Main 1988, S. 236–248.

beschönigt also nichts, sondern zeichnet den NS-Staat als perfekt organisierte Herrschaft. Aber – das ist Seghers' Pointe – auch der durchorganisierte Totalitarismus bleibt Herrschaft: von oben ergangener Befehl, der nur deshalb alternativlos zum eigenen Willen der Beherrschten wird, weil eine Monopolgewalt über den Gehorsam wacht und weil, aus der Perspektive der Beherrschten gesprochen, der Gegensatz dieser Befehlsgewalt gegen die eigenen materiellen Notwendigkeiten wie gegen jegliche ethische Gesinnung ebenso alltägliche Erfahrung ist wie die Übermacht des Staats. Man könnte diese Demonstrationsabsicht, die große Teile der Erzählung regiert und maßgeblich zur Treffsicherheit der Gesellschaftsdarstellung beiträgt, in theoretischer Hinsicht als herrschaftstheoretisches Argument auffassen: Selbst perfekte Herrschaft ist kein Zustand, sondern eine ‚Arbeit', die nie abzuschließen ist. Damit haben wir noch kein ‚anderes Deutschland' inmitten von Hitlers Machtbereich, wohl aber die Möglichkeit davon. Dass diese Möglichkeit kein abstrakter Gedanke, kein nur von außen nach Deutschland projizierter Wunsch sei, diesen Beweis anzutreten mobilisiert der Roman ein hohes Maß an Erinnerung an Land und Leute im Rhein-Main-Gebiet, vor allem aber an kulturellem Gedächtnis. Ein ‚anderes Deutschland' gibt es in Gestalt der KZ-Insassen, eines Kollektivs, das wie ein antiker Chor den Rahmen für das Flüchtlingsdrama bildet; es agiert in den sieben Flüchtlingen, die aus dem KZ fliehen, vor allem in dem einzigen, dem die Flucht gelingt, sowie in den Helfern, die er doch noch findet. Als ein möglicherweise ganz anderes deutsches Volk zeigen sich aber auch etliche der ganz gewöhnlichen Leute, auf die der hilfsbedürftige Flüchtling trifft; er stellt sie vor die Entscheidung, ob sie dem inzwischen zur Normalität gewordenen Faschismus die Loyalität bewahren oder sie zumindest an dieser einen Stelle aufkündigen; solche findet der Flüchtling in allen Ständen und Klassen des Volks, aus denen auch die Nazis ihre Funktionäre und Schläger rekrutieren. Doch auch darüber geht der Roman hinaus. Er vertritt die These, dass in Deutschland, nämlich in den hier lebenden Menschen, zumindest in der Mehrzahl von ihnen, eine Art von eisernem Bestand an Humanität vorhanden sei, der durch den Nationalsozialismus nicht anzutasten sei. Die letzte Gewähr dafür erblickt der Roman in poetischen Visionen von den alten Städten Mainz und Frankfurt – vor allem vom Dom zu Mainz – sowie von der Landschaft Rheinhessens und des Rheingaus, in der Natur und Jahrtausende alte Kultur eine menschenfreundliche Einheit ausgebildet haben. In der ländlichen Gesellschaft eines Taunusdörfchens imaginiert der Roman eine im Grunde sittliche Gemeinschaft, und zwar unbeschadet dessen, dass in ihr alle vertreten sind, nicht nur Betroffene, sondern auch Funktionäre der NS-Herrschaft.

> Marnets Küche war heiss und feucht. Um den Tisch herum sass die ganze Familie mit allen Gästen. Einmal im Jahr nach der Apfelernte gab es hier oben Kuchen auf Blechen fast so gross wie der Tisch. Alle Mäuler glänzten von Saft und Zucker, die Mäuler der Kinder ebenso

> wie die Soldatenmäuler, und selbst die knausrig dünnen Lippen der Auguste glänzten. Auf dem Tisch sah die mächtige Kaffeekanne mit ihrer kleineren Milchkanne und ihren zwiebelgemusterten Tassen selbst wie eine Familie aus. Um den Tisch herum sass ein ganzes Volk: Die Frau Marnet mit ihrem winzigen Bäuerchen, ihren Enkeln, das Ernstchen und das Gustavchen, ihrer Tochter Auguste, ihrem Schwiegersohn und ihrem ältesten Sohn, diese beiden in SA-Uniform, ihrem Soldatensohn, neu und blank, Messers zweiter Sohn, der Rekrut, Messers jüngster Sohn in SS-Uniform, aber Apfelkuchen bleibt Apfelkuchen — die Eugenie so stolz und schön, Sophie Mangold ein bisschen matt. Ernst der Schäfer mit einer Krawatte und ohne Halstuch — seine Mutter vertrat ihn derweil bei der Herde, — Franz, der aufsprang, als Hermann und Else ankamen. An dem Kopfende des Tisches, am Ehrenplatz, sass die Schwester Anastasia von den Königsteiner Ursulinen. Ihre weissen Haubenenden schimmerten über den Kaffeetisch. [...] Überhaupt ist es schwer in Marnets Küche Schauder zu verbreiten. Selbst wenn die vier Reiter der Apokalypse an diesem Apfelkuchen-Sonntag vorbeigestoben kämen, sie würden ihre vier Pferde an den Gartenzaun binden und sich drin wie vernünftige Gäste benehmen.[7]

Dieses wahrhaft idyllische Bild von einer möglichen sittlichen Gesellschaft, die vom Faschismus nur oberflächlich beherrscht, nicht aber wirklich bestimmt werde, wagte Anna Seghers im Jahr 1938 und 1939 noch zu zeichnen. In diesen Jahren hatte sie beispiellose Erfolge ihrer Feinde auf Leben und Tod beobachten müssen, einschließlich der Pogromnacht am 9.11.1938, die ihr endgültig bestätigte, dass ihre Mutter und ihre in Deutschland verbliebene Familie in akuter Lebensgefahr waren. Gegen die Übermacht des NS-Staats, der seine Gewalt europaweit immer mehr ausbreitete und dabei auch noch den Gehorsam seiner Untertanen befestigte, wagte sie noch eine literarische Vorstellung: die Vorstellung von einem möglichen anderen Deutschland im wirklichen. In den Jahren ab 1944 hat sich das grundlegend geändert. Anna Seghers musste zusehen, wie die Deutschen für Hitler fast ganz Europa eroberten, wie sie sich zu mehreren Völkermorden bereitfanden, von denen sie einen, den an den Juden, weitgehend vollendeten; sie musste auch noch erleben, wie Opfer an Leib und Leben in Weltkriegsdimensionen die Loyalität zum Hitler-Staat nicht erschütterten. Von dieser Enttäuschung zeugt der Epochenroman *Die Toten bleiben jung*. In diesem Roman ist das, was noch als menschliche Basis eines ‚anderen Deutschland' in Frage kam, auf eine kleine Schar von Kommunisten, ergänzt durch wenige Käuze aus anderen Klassen und Milieus, zusammengeschrumpft. Ihr Überleben ist selbst dann nicht sicher, wenn sie sich durch Verstecken um jede politische Wirksamkeit bringen. Von einem in allen Klassen und Schichten spürbaren humanen Substrat der Gesellschaft kann keine Rede mehr sein. Andererseits kann Anna Seghers sich sehr gut vorstellen, wie das brave Mitmachen von denen funktioniert, die als gewöhnliche Volksgenossen sich jeden Tag aufs Neue mit ihrer Herrschaft in

---

7   Anna Seghers: *Das siebte Kreuz*. Werkausgabe, hg. v. Helen Fehervary und Bernhard Spies. Abteilung I: Roman, Bd. 4. Berlin 2000, S. 400–403.

Niederlage und Aufbruch 107

ein gutes Benehmen setzen, was auch immer die veranstaltet. Ich gebe nur einen kurzen Ausschnitt aus einer Szene, in der gute Deutsche beobachten, wie Juden deportiert werden.

> Der Zug stoppte kurz hinter Berlin vor einer Zweigstelle. Man sah über ein paar Gleise ein Gedränge vor einem Waggon. Retzlow sagte: „Das ist ein Judentransport." Sie sahen alle neugierig durch die Fenster. SA zwängte Frauen und Kinder, Alte und Junge unglaublich rasch in den Viehwagen. Elisabeth sagte: „Was macht man mit ihnen?" – „Man bringt sie nach Polen; da sind sie uns hier nicht im Weg." Die kleine schüchterne Frau von Retzlow sagte: „Da gehören sie auch hin."
>
> Elisabeth folgte mit den Augen einer schwangeren, in den Transport gezwängten Frau, der man trotz des Gedränges auszuweichen suchte. Man half ihr sogar von oben und von hinten in den Waggon herauf. Elisabeth sagte: „Gibt man ihnen zu essen?" Retzlow sagte: „Nicht so viel Fett, wie sie gewohnt sind." Der andere Mann von den zwei Ehepaaren, der seine dünnen Haare gestriegelt über der Glatze trug, sagte: „Solange wir selbst genug haben." Elisabeth sagte: „Ernst, hast du die Frau gesehen?" – „Warum?" – „Wenn die jetzt im Zug drin ihr Kind kriegt." – „Es gibt soviel jüdische Ärzte, einer wird schon dabeisein." Die Frage ärgerte ihn und die erstaunten Blicke der Kameraden über die Frage. Sie sagte darum schnell was anderes [...] (393).[8]

Im Grunde wissen alle Bescheid darüber, was geschieht, und eben deshalb wollen es viele gar nicht so genau wissen. Übrigens muss man kein militanter Antisemit sein, um dem Völkermord in jedem seiner Stadien Aspekte abzugewinnen, durch die er irgendwie gerechtfertigt erscheint, so dass man das moralische Unbehagen beiseitelassen kann – die theoretischen Ansprüche an die Legitimationsgründe sind nicht hoch, weil das Resultat ohnehin schon feststeht. In Briefen, die sie nach ihrer Rückkehr im Jahr 1947 schreibt, charakterisiert Anna Seghers später Deutschland als eine Ruinenlandschaft, in der in der Mehrzahl uneinsichtige Menschen leben, die in moralischer Hinsicht so deformiert sind wie in äußerer die Städte.[9] Noch zwei Jahre nach Kriegsende machte sie in den Deutschen, mit denen sie nun wieder jeden Tag zu tun hatte, viel Kontinuität zu den Jahren der NS-Herrschaft und des Krieges aus. Statt durch die Zerstörung von Nazi-Deutschland einen Gewinn davongetragen zu haben, fand sie sich schon wieder zumindest am Rand einer Niederlage. Wie der Roman, den sie noch in Mexico konzipiert und größtenteils niedergeschrieben hatte, sah sie keine andere Möglichkeit, die Niederlage zu vermeiden, als einen Aufbruch in eine andere Gesellschaft. Das ist die politische Seite dieser Situation. Und worin soll die Poetik des Aufbruchs liegen?

---

8   Die zitierte Passage dokumentiert einen der Versuche, die bürgerliche Reaktion auf die Wahrnehmung der Judenvernichtung zu charakterisieren. Darüber hinaus thematisiert der Roman auch die Massenbasis des Nationalsozialismus. Vgl. Sonja Hilzinger: *Anna Seghers*. Stuttgart 2000, S. 185.

9   Anna Seghers: *Briefe 1924–1952*. Werkausgabe, hg. v. Helen Fehervary und Bernhard Spies. Abteilung V: Briefe, Bd. 1, hg. v. Christiane Zehl Romero und Almut Giesecke. Berlin 2008. Die deutlichsten Worte fallen in den Briefen an Irene With (07.08. und 24.09.1947), S. 240–242, 246–248.

Aufbruch aus Desillusionierung

Die Poetik des Aufbruchs liegt bei Anna Seghers im Ensemble der literarischen Einfälle, durch eine radikale Desillusionierung Hoffnung zu gewinnen. Das Prinzip dieser Paradoxie lässt sich mit einer moralischen Metapher aus dem *Siebten Kreuz* beschreiben: Wenn ein Mensch ganz am Boden liegt, dann entdeckt er in seinem Inneren einen eisernen Bestand, den er um keinen Preis antasten lässt; dieser innere Bestand entzündet die Kräfte des Widerstands. Die Hoffnung auf den Aufbruch begründet sich auf das Individuum oder das Kollektiv, das die Niederlage erleidet. Wenn es sich keine Illusionen mehr macht, gewinnt es daraus den Entschluss und die Kraft, für die Umkehrung des Kräfteverhältnisses zu kämpfen. Diese Idee ist keine politische Vorstellung, obgleich viele politisch Engagierte, zumal Kommunisten, sie im 20. Jahrhundert vertraten. Es ist eine Schicksalsvorstellung, die Anna Seghers deutlich mit ihren großen literarischen Vorbildern Dostojewski und Tolstoi, aber auch mit Kafka und anderen Autoren der Moderne verbindet. Diese Schicksalsvorstellung vereinigt eine realistische und eine idealistische Seite. Das realistische Moment besteht im Eingeständnis, dass alles, was ein Mensch erstreben kann, unhintergehbar von den Gegebenheiten dieser Welt abhänge, und dass gerade der Mensch, der eine andere und bessere Welt erstrebt, hinnehmen müsse, was die gegebene Welt ihm an Chancen gewährt und an Verlusten abverlangt. Die idealistische Seite liegt in der Auffassung, dass ausgerechnet dann, wenn dieser Mensch Niederlagen hinnehmen muss, ihm in einem höheren Sinn Gerechtigkeit widerfährt; noch seine Vernichtung wird ihm gerecht, indem sie ihn über das gewöhnliche Maß hinaushebt, und insofern er diese Auszeichnung selber empfinden kann, vermag er sich vielleicht auch praktisch über das bloße äußere Geschick zu erheben. Diesem bitteren, aber auch unbeirrbaren Gedanken verdankt das lesende Publikum erstaunliche Texte, und das schon seit dem literarischen Durchbruch der Anna Seghers im Jahr 1928. Ich will nur zwei Prosatexte erwähnen. Zum einen erinnere ich an den Roman *Die Gefährten*, zumal an die Eröffnungsszene. Hier wird die militärische Zerschlagung der ungarischen Räterepublik im Jahr 1919 als eine Gewaltorgie vergegenwärtigt, deren eiskalte Ästhetik einer orgiastisch eingesetzten Maschinengewalt den Vergleich mit Ernst Jüngers *Stahlgewittern* ohne weiteres besteht. Zum anderen zitiere ich zum Schluss aus der Eröffnungspassage der Erzählung *Aufstand der Fischer von St. Barbara*:

> Der Aufstand der Fischer von St. Barbara endete mit der verspäteten Ausfahrt zu den Bedingungen der vergangenen vier Jahre. Man kann sagen, daß der Aufstand eigentlich schon zu Ende war, bevor Hull nach Port Sebastian eingeliefert wurde und Andreas auf der Flucht durch die Klippen umkam. Der Präfekt reiste ab, nachdem er in die Hauptstadt berichtet hatte, daß die Ruhe an der Bucht wiederhergestellt sei. St. Barbara sah jetzt wirklich aus, wie es jeden Sommer aussah. Aber längst, nachdem die Soldaten zurückgezogen, die Fischer auf

der See waren, saß der Aufstand noch auf dem leeren, weißen, sommerlich kahlen Marktplatz und dachte ruhig an die Seinigen, die er geboren, aufgezogen, gepflegt und behütet hatte für das, was für sie am besten war.[10]

---

10 Anna Seghers: *Aufstand der Fischer von St. Barbara*. Werkausgabe, hg v. Helen Fehervary und Bernhard Spies. Abteilung I, Band 1.1. Berlin 2002, S. 5.

Absolut komisch. König Peter und die Philosophie in Büchners *Leonce und Lena*[1]

Ariane Martin

Georg Büchner hatte im Sommer 1836 im politischen Exil in Straßburg mit der Arbeit an seinem Lustspiel *Leonce und Lena* begonnen. Er schrieb in diesem Zusammenhang an den jungdeutschen Schriftsteller Karl Gutzkow, man müsse

> die abgelebte moderne Gesellschaft zum Teufel gehen lassen. Zu was soll ein Ding, wie diese, zwischen Himmel und Erde herumlaufen? Das ganze Leben desselben besteht nur in Versuchen, sich die entsetzlichste Langeweile zu vertreiben. Sie mag aussterben, das ist das einzig Neue, was sie noch erleben kann.[2]

Als Einsicht formuliert ist hier die Hoffnung auf einen gesellschaftlichen Umbruch. Die moderne Gesellschaft, das ist die gegenwärtige, die zeitgenössische Gesellschaft des Spätabsolutismus im Deutschland der 1830er Jahre. Sie sei abgelebt, also nicht mehr lebendig, und so möge sie aussterben, also verschwinden, etwas anderes sei für sie nicht zu erwarten. Wer so spricht, der weiß, was auch schon Hölderlins Empedokles wusste: „Es ist die Zeit der Könige nicht mehr."[3] Büchner wusste, dass die Zeit der Könige vorbei war, zugleich aber musste er sehen, dass diese noch immer die staatliche Macht in Händen hielten. Im *Hessischen Landboten* hat er ihnen den Kampf erklärt: „Krieg den Pallästen!"

In seinem dann 1838 posthum von Gutzkow erstveröffentlichten Lustspiel *Leonce und Lena* hat Büchner einen dieser Könige in dem Herrscher des Königreichs Popo als komische Figur entworfen: König Peter. Dieser König trägt mit Peter einen typischen Tölpelnamen, der sich beispielsweise im Titel des zeitgenössisch bekannten Lustspiels *Der dumme Peter* (1831) findet.[4] Das von ihm

---

1 Der vorliegende Aufsatz ist auch in folgendem Band enthalten: Ariane Martin / Isabelle Stauffer (Hg.): *Georg Büchner und das 19. Jahrhundert*. Bielefeld 2012 (= Vormärz-Studien. Bd. 22), S. 183–198.
2 Georg Büchner: *Die Briefe*. Hg. von Ariane Martin. Stuttgart 2011, S. 77.
3 So der Wortlaut im Versuch der ersten Gesamtausgabe. Friedrich Hölderlin: *Sämmtliche Werke*. Hg. von Christoph Theodor Schwab. Bd. 1. *Gedichte und Hyperion*. Stuttgart, Tübingen 1846, S. 178. Hölderlins *Der Tod des Empedokles. Fragmente eines Trauerspiels* ist zuerst 1826 in der von Gustav Schwab und Ludwig Uhland herausgegebenen Ausgabe *Gedichte* veröffentlicht worden. Der Satz ist unter anderem dadurch berühmt, dass Friedrich Nietzsche ihn in *Also sprach Zarathustra* zitiert hat.
4 Vgl. Georg Büchner: *Sämtliche Werke und Schriften. Historisch-kritische Ausgabe mit Quellendokumentation und Kommentar (Marburger Ausgabe)*. Im Auftrag der Akademie der Wis-

beherrschte winzige Königreich Popo ist eine Persiflage nicht nur auf die deutsche Kleinstaaterei, sondern auf den Spätabsolutismus, der in dem vertrottelten Lustspielkönig verkörpert ist. König Peter wird in der Szene I/2 vorgestellt und mit ihm das absolutistische System ad absurdum geführt, also schon gleich beim ersten Auftritt dieses Herrschers.

Ich werde den Auftakt dieser Szene in dichter Beschreibung[5] kommentieren und zeigen, dass Büchner mit der Rede des Königs den Absolutismus komisch erledigt, ihn absolut und ohne wenn und aber zum Teufel gehen lässt, in einer Radikalität, die erst durch die Entschlüsselung und Interpretation des philosophischen Anspielungshorizonts deutlich wird, auf den diese Szene gerade in ihrem Auftakt ganz und gar ausgerichtet ist. Das Verfahren der dichten Beschreibung bietet sich bei Büchner an, dessen bildhaft konkrete und zugleich anspielungsreiche Texte so knapp wie semantisch dicht gearbeitet sind. Die Szene I/2 handelt davon, dass der König angekleidet wird, um dann dem Staatsrat die geplante Heirat des Prinzen zu verkünden. Mit dieser Szene ist die dann folgende Lustspielhandlung begründet, die mit einer zunächst verhinderten und dann doch stattfindenden Hochzeit ein beliebtes Komödienschema umsetzt. Das ist die handlungslogische Funktion der Szene, die für die folgende Argumentation allerdings nur von untergeordneter Bedeutung ist, da es um die Figur des Königs geht, um die Bewertung des Monarchen und dessen, wofür er steht: Der König repräsentiert das System absolutistischer Herrschaft.

Es handelt sich bei I/2 zunächst um eine Ankleideszene, wie die einführende Szenenanweisung verrät: „König Peter wird von zwei Kammerdienern angekleidet."[6] Jörg Jochen Berns, der *Leonce und Lena* als Zeremoniellkritik und Prinzensatire gelesen hat, hat das Ankleiden in dieser Szene als Anspielung auf das höfische Ankleidezeremoniell erläutert, als Anspielung auf

> das absolutistische *Lever*, das feierliche Ankleiden des Herrschers [...], wie es am Hofe Ludwig XIV. in Versailles zu differenziertester und prunkvollster Entfaltung gekommen war.[7]

---

senschaften und der Literatur, Mainz, hg. von Burghard Dedner. Mitbegründet von Thomas Michael Mayer. 10 Bde. Darmstadt 2000 ff. – im Folgenden mit Bandzahl und Seitenangabe zitiert unter der Sigle MBA, hier MBA 6, S. 427.

5   Vgl. Clifford Geertz: *Dichte Beschreibung. Beiträge zum Verstehen kultureller Systeme.* Übersetzt von Brigitte Luchesi und Rolf Bindemann. Frankfurt a. M. 1987.

6   Georg Büchner: *Leonce und Lena. Studienausgabe.* Hg. von Burghard Dedner und Thomas Michael Mayer. Stuttgart 2003, S. 11.

7   Jörg Jochen Berns: Zeremoniell und Prinzensatire. Traditionen der politischen Ästhetik des Lustspiels *Leonce und Lena*. In: Burghard Dedner (Hg.): *Georg Büchner. Leonce und Lena. Kritische Studienausgabe. Beiträge zu Text und Quellen.* Frankfurt a. M. 1987, S. 219–274, hier S. 240 f.

Mit dem Ankleiden[8] ist auf die Funktion der Repräsentation des Herrschers verwiesen, auf den Körper des Königs als Medium, den Dagmar von Hoff mediengeschichtlich interpretiert und dabei König Peter „als eine philosophierende Kleiderpuppe"[9] erkannt hat. Worüber aber philosophiert diese Kleiderpuppe? Danach soll nun gefragt und gezeigt werden, welche Rolle der in *Leonce und Lena* herbeizitierten Philosophie bei der Herrscherrepräsentation zukommt.

Die Rede König Peters zum Auftakt der Szene I/2, eher ein Selbstgespräch als ein Gespräch mit seinen ihn ankleidenden Kammerdienern, ist durchsetzt mit philosophischer Begrifflichkeit und intertextuellen Korrespondenzen sowohl philosophischer als auch literarischer Provenienz. *Leonce und Lena* ist ein Text, der kalkuliert (und teilweise explizit markiert) mit intertextuellen Bezügen operiert, so auch in dieser Szene. Büchner, der „als Schriftsteller aus dem Reservoir romantischer Schreibweisen schöpfte"[10], deren „doppelironische Gleichzeitigkeit von Ernst und Spaß, von lyrischem Pathos und Witz"[11] sein Lustspiel charakterisiert, knüpfte mit der Machart seines Lustspiels bekanntlich an die romantische Komödie an (insbesondere an den wortspielreichen Witz von Brentanos *Ponce de Leon*). Er orientierte sich nicht zuletzt an der „Heiterkeit einer romantischen Komödie"[12], um seinen Lustspielkönig mitsamt seinem komischen Philosophieren vorzuführen.

Das Philosophieren zeichnet dessen Rede insgesamt aus, was in der Forschung immer wieder festgestellt worden ist. Man hat einerseits allgemein darauf verwiesen, König Peter führe durch „pseudophilosophische Selbstgespräche" komisch die „zeitgenössische Philosophie"[13] im Munde, diese sei „in karikieren-

---

8 Vgl. zum Motiv der Kleidung auch Gérard Raulet: Der König ist nackt. Identitätskrise, Identitätskritik und Ablehnung der Surrogatidentitäten in Büchners *Dantons Tod* und *Leonce und Lena*. In: Cornelia Klinger / Ruthard Stäblein (Hg.): *Identitätskrise und Surrogatidentitäten. Zur Wiederkehr einer romantischen Konstellation.* Frankfurt a. M., New York 1989, S. 273–292.

9 Dagmar von Hoff: Königsphantasien in Georg Büchners *Leonce und Lena*. In: Dagmar von Hoff / Ariane Martin: *Intermedialität, Mediengeschichte, Medientransfer. Zu Georg Büchners Parallelprojekten „Woyzeck" und „Leonce und Lena".* München 2008, S. 75–89, hier S. 84.

10 Burghard Dedner: Leonce und Lena. In: *Interpretationen. Georg Büchner. Dantons Tod, Lenz, Leonce und Lena, Woyzeck.* Stuttgart 1990, S. 119–176, hier S. 121.

11 Burghard Dedner: Bildsysteme und Gattungsunterschiede in Leonce und Lena, Dantons Tod und Lenz. In: Burghard Dedner (Hg.): *Georg Büchner. Leonce und Lena* (Anm. 7), S. 157–218, hier S. 177.

12 Arnd Beise: Die Leute vertragen es nicht, dass man sich als Narr produziert. Georg Büchners Lustspiel *Leonce und Lena*. In: *Der Deutschunterricht* 54 (2002) Heft 6, S. 24–33, hier S. 30.

13 Guido Rings: Georg Büchners *Leonce und Lena*. Ein Exemplum subversiver Kunst in einer spätabsolutistischen Gesellschaft. In: *Germanic notes and reviews* 31 (2000) Heft 2, S. 113–134, hier S. 118.

der Überzeichnung präsentiert"[14] und insgesamt ein Rekurs auf „idealist philosophical theories"[15], andererseits sind die philosophischen Anspielungen auch konkret dingfest gemacht worden, etwa als „Zitatfetzen aus Descartes, Spinoza und Kant" in „einem unverständlichen, pseudophilosophischen Sprachgemenge", das „seine Unfähigkeit als Herrscher überdeutlich entlarvt."[16] Zwar mögen die Äußerungen des Lustspielkönigs pseudophilosophisch anmuten, sie sind es aber nicht, denn sein Erfinder hat sie im Rückgriff auf bekannte philosophische Systeme aufgrund ihres gleich noch näher zu bestimmenden Aussagegehalts kalkuliert platziert. Sie sind auch keineswegs unverständlich, sondern für die Selbstverständigung des Herrschers gerade allzu verständlich. Entlarvt wird auch nicht in erster Linie dessen Unfähigkeit (die gleichwohl mehr als deutlich ist), sondern absolutistischer Herrschaft wird durch ihren Repräsentanten selbst durch einen dialektischen Witz in forcierter Komik die Grundlage entzogen. Die dichte Beschreibung der Szene I/2 soll dies zeigen.

Um den Rahmen abzustecken, in dem die Philosophie in dieser Szene komisch eingesetzt wird, greife ich vorab zwei Beispiele heraus, denn das Komischwerden der Philosophie, das Günter Oesterle in Büchners *Woyzeck* herausgestellt hat,[17] ist erst recht im Lustspiel zu beobachten. Dann werde ich die beiden ersten Sätze, die der König spricht, detailliert aufschlüsseln, denn in ihnen ist Büchners Kritik am Absolutismus gebündelt.

Vorausgeschickt sei, dass Büchner auch Philosoph war. Er hat in Straßburg gleichzeitig mit der Arbeit an seinem Lustspiel philosophische Vorlesungen „über die philosophischen Systeme der Deutschen seit Cartesius und Spinoza"[18] vorbereitet, die er an der Universität Zürich als Dozent halten wollte. Er plante „einen Kurs über die Entwickelung der deutschen Philosophie seit Cartesius"[19], hatte sich aber schon lange vor diesem Plan bei seinen Lektüren „mit aller Gewalt in die Philosophie"[20] geworfen. Dabei hat er mitunter den Eindruck gehabt, er

---

14   Renate Homann: Georg Büchners Lustspiel *Leonce und Lena*. Die Hochzeit von Antike und Christentum. In: *Poetica* 17 (1985) S. 100–130, hier S. 103.
15   Peter Musolf: Parallelism in Büchner's *Leonce und Lena*. A Tragicomedy of Tautology. In: *The German Quarterly* 59 (1986) S. 216–227, hier S. 221.
16   Marcus Deufert: Lustspiel der verkehrten Welt. Bemerkungen zur Konfiguration von Georg Büchners *Leonce und Lena*. In: Karl Konrad Polheim (Hg.): *Die dramatische Konfiguration*. Paderborn 1997, S. 147–165, hier S. 152. Vgl. zu Descartes, Spinoza und Kant, außerdem zu Hegel und Fichte in der Szene I/2 MBA 6, S. 444–449.
17   Vgl. Günter Oesterle: Das Komischwerden der Philosophie in der Poesie. Literatur-, philosophie- und gesellschaftskritische Konsequenzen der ‚voie physiologique' in Georg Büchners *Woyzeck*. In: *Georg Büchner Jahrbuch* 3 (1983), S. 200–239.
18   Georg Büchner: *Die Briefe* (Anm. 2), S. 47.
19   Ebd., S. 76.
20   Ebd., S. 66.

„werde ganz dumm in dem Studium der Philosophie"[21], über die er sich in seinen Briefen zwar immer wieder lustig machte, sie zugleich aber auch ernsthaft studierte. Überliefert sind von ihm umfangreiche philosophische Exzerpte, in denen er sich außer mit der Geschichte der griechischen Philosophie namentlich mit Descartes und Spinoza intensiv beschäftigt hat. Die Philosophie jedenfalls zählt zu den Wissensbeständen, auf die der Autor zurückgegriffen hat, um seinen König Peter zu gestalten.

Das erste Beispiel. Die Rede ist von der Hose des Königs und dieser sagt: „Halt, pfui! der freie Wille steht davorn ganz offen."[22] Festgestellt ist eine Erektion, denn um eine solche handelt es sich, wie das den Tabubereich des Sexuellen üblicherweise sanktionierende „pfui!" zusammen mit dem Hinweis, das in der Hose „davorn" etwas offen „steht", verraten. Diese als sexueller Witz inszenierte Anspielung auf ein körperliches Phänomen ist verknüpft mit Anspielungen auf den Bereich der Philosophie. Der freie Wille ist Gegenstand philosophischer Reflexion. Es handelt sich an dieser Stelle um eine Anspielung auf den zeitgenössischen Streit der Philosophen um die „Erklärung sexueller Erregungszustände" im „Zusammenhang zwischen dem freien Willen und dem unfreien Körper [...]."[23] Geht die idealistische Philosophie von der Freiheit des Willens aus, so argumentiert die materialistische Philosophie dagegen. Büchner hat sich speziell mit der Behandlung der Frage nach der Willensfreiheit in der Philosophie Spinozas befasst. So hat er in seinem *Spinoza*-Skript notiert: „Der Wille kann nicht eine freie Ursache genannt werden; sondern nur eine nothwendige."[24] Anders als in der idealistischen Philosophie hat Spinoza und mit ihm Büchner angenommen, dass es keinen freien Willen gibt, sondern der Körper Notwendigkeiten unterworfen ist. Im *Woyzeck* ist die Frage nach der Willensfreiheit dann zentral, die hier in *Leonce und Lena* nur am Rande als eine kleine Pointe thematisiert ist. Der Witz verweist auf den menschlichen Körper des Herrschers, der auch nur ein Mensch ist. Der Körper revoltiert gegen den Geist, wenn man so will, überwindet ihn, agiert unabhängig von ihm, steht schlicht nicht unter seiner Herrschaft. Und der Witz speist sich daraus, dass dieser Herrscher mit philosophischen Fragestellungen operiert, die seine Körperlichkeit betreffen und damit Tabubereiche berührt sind. Der Herrscher zeigt sich verwirrt, weil seine Körperreaktionen den Annahmen idealistischer Philosophie zuwiderlaufen, diese subversiv in der nicht zu leugnenden Präsenz der Körperreaktionen widerlegt wird.

---

21 Ebd., S. 75.
22 Georg Büchner: *Leonce und Lena* (Anm. 6), S. 11.
23 Burghard Dedner: Kynische Provokation und materialistische Anthropologie bei Georg Büchner. In: Dieter Hüning / Gideon Stiening / Ulrich Vogel (Hg.): *Societas rationis. Festschrift für Burkhard Tuschling zum 65. Geburtstag.* Berlin 2002, S. 291–309, hier S. 292.
24 MBA (Anm. 4) 9.2, S. 30.

Das zweite Beispiel. König Peter formuliert wiederholt „entweder [...] oder [...] entweder, oder –" und sagt dann: „Ein drittes giebt es nicht."[25] Das ist eine Anspielung auf den ‚Satz vom ausgeschlossenen Dritten', den Hegel so formuliert hat: „Etwas ist entweder A oder Nicht A; es gibt kein Drittes."[26] Auf diese Logik ist König Peter fixiert, wobei unverkennbar ist, dass bereits die schlichte Struktur dieses Satzes der Logik ihm Probleme bereitet. Er vermittelt jedenfalls den „Eindruck höchster Einfalt"[27], gerade indem er in philosophischer Begrifflichkeit herumschwadroniert und dabei kaum bis drei zählen kann. Deutlich ist aber auch hier, dass er ganz und gar auf philosophische Gegenstandsbereiche und Axiome orientiert ist. In deren Licht sieht er auch seine eigene Person, seine körperliche Repräsentanz als König, wie die genaue Lektüre bereits seiner ersten beiden Sätze, die er in dem Stück spricht, verrät.

Zunächst geht es um das Denken. Das erste, was dieser Herrscher sagt, ist: „Der Mensch muß denken und ich muß für meine Unterthanen denken, denn sie denken nicht, sie denken nicht."[28] Nun gilt das Denken zwar landläufig als Sache der Philosophen und König Peter versteht sich insofern als Philosoph.[29] Aber mit seiner Bemerkung wird zugleich der die Untertanen entmündigende Grundsatz absolutistischer Herrscherideologie deutlich. Dieser Grundsatz ist in romantischen Komödien ironisiert worden – beispielsweise bei Ludwig Tieck, einem von Büchners Lieblingsdichtern. So heißt es in der Rede des Königs in Tiecks Stück *Der gestiefelte Kater*, einer romantischen Komödie par excellence: „Ich muß an alles denken, sonst wird's doch immer schief ausgerichtet."[30] Oder in der Rede des Narren in Eichendorffs satirischem Stück *Krieg den Philistern* heißt es über den Regenten: „[...] viel Denken ist bedenklich, denn es stört die Verdauung. (auf den Regenten weisend) Sehen Sie daher hier den patriotischen Mann, der sich für uns alle abdenkt."[31] Der Herrscher also denkt, die Untertanen nicht, diese Konstellation ist in der literarischen Tradition bereits als komisch herausgestellt.

Ist das Denken als Herrscherattitüde in der Herrschersatire der Romantik entsprechend akzentuiert, so ist das Denken bereits im Drama des Sturm und Drang eine komische Sache. In dem mit der Gattungsbezeichnung Komödie ausgewiesenen Stück *Die Soldaten* von J. M. R. Lenz, das Büchner sehr gut kannte, sagt

---

25 Georg Büchner: *Leonce und Lena* (Anm. 6), S. 12.
26 Ge.[org] Wilh.[elm] Friedr.[ich] Hegel: *Wissenschaft der Logik*. Bd. 1. Nürnberg 1813, S. 75.
27 Marcus Deufert: *Lustspiel der verkehrten Welt* (Anm. 16), S. 152.
28 Georg Büchner: *Leonce und Lena* (Anm. 6), S. 11.
29 Der erste Satz des Königs sagt außerdem: Der Herrscher versteht nur sich als Menschen, nicht aber seine Untertanen.
30 Ludwig Tieck: *Der gestiefelte Kater. Kindermärchen in drei Akten. Mit Zwischenspielen, einem Prologe und Epiloge*. Hg. von Helmut Kreuzer. Stuttgart 1984, S. 33.
31 Joseph von Eichendorff: *Krieg den Philistern. Dramatisches Mährchen in fünf Abentheuern*. Berlin 1824, S. 22.

der beständig philosophierende Hauptmann Pirzel: „Daß die Leute nicht denken. [...] das macht, weil die Leute nicht denken. Denken, denken, was der Mensch ist, das ist ja meine Rede"[32], und dann wieder: „Nein, was der Mensch ist – (den Finger an der Nase). [...] Das macht, weil die Leute nicht denken".[33] Dieser philosophierende Hauptmann ist eine komische Figur. Seine Geste – die Szenenanweisung sagt, dass er den Finger an die Nase legt, ist dieselbe Geste, die dann in *Leonce und Lena* auch für König Peter festgeschrieben ist: „(legt den Finger an die Nase)"[34], lautet bezeichnend eine Szenenanweisung in I/2 für ihn. Dieter Kafitz hat zur Illustration des „Mimischkomischen" durch „Körperzeichen" und Bewegungsspiel"[35] in Büchners Lustspiel auf das dreimal auftauchende „gestische Zeichen ,Finger an der Nase' [...] als Zeichen der Nachdenklichkeit"[36] oder eben des Denkens, des Philosophierens, aufmerksam gemacht, allerdings ohne es in seiner Zuordnung zu König Peter zu erkennen, den es allein charakterisiert. Bereits in der ersten Szene von *Leonce und Lena* ist mit dieser Geste auf den dann in der zweiten Szene auftretenden König angespielt, wenn der Narr Valerio „den Finger an die Nase"[37] legt und der Prinz es ihm nachtut. König Peter jedenfalls gebärdet sich als Denker. Mit dem Denken ist der philosophische Diskurs eröffnet, der komisch mit dem Ankleiden in Beziehung gesetzt ist. Aber eins nach dem anderen.

König Peter sagt nach den Bemerkungen über sein Denken: „Die Substanz ist das an sich, das bin ich."[38] Hier sind insgesamt fünf Anspielungen dingfest zu machen, vier philosophische und eine politische. Zunächst einmal sind die philosophischen Anspielungen in den Blick zu nehmen, die auf die philosophischen Systeme von Descartes, Spinoza, Kant und Fichte zielen. Jetzt also im Einzelnen zu dem sehr dichten Satz dieser Figur: „Die Substanz ist das an sich, das bin ich."

Erstens verweist die Äußerung „das bin ich" in Verbindung mit den vorangegangenen Bemerkungen über das Denken auf den bekannten Satz von René Descartes: „cogito ergo sum [...] ich denke, also bin ich"[39]. Mit diesem Satz hat sich Büchner gleich zu Beginn seines *Cartesius*-Skripts auseinandergesetzt. Der Satz ist grundsätzlicher Art und bedarf kaum eines weiteren Kommentars. Der König muss denken, sonst ist er nicht, so könnte man ihn kontextorientiert übersetzen.

---

32 J. M. R. Lenz: *Gesammelte Schriften*. Hg. von Ludwig Tieck. Bd. 1. Berlin 1828, S. 273 f.
33 Ebd., S. 288.
34 Georg Büchner: *Leonce und Lena* (Anm. 6), S. 12.
35 Dieter Kafitz: Visuelle Komik in Georg Büchners *Leonce und Lena*. In: Franz Norbert Mennemeier (Hg.): *Die großen Komödien Europas*. Tübingen, Basel 2000, S. 265–284, hier S. 267.
36 Ebd., S. 270.
37 Georg Büchner: *Leonce und Lena* (Anm. 6), S. 9.
38 Ebd., S. 11.
39 MBA (Anm. 4) 9.2, S. 44.

Die Fixierung König Peters auf das Denken wird so zusätzlich erklärlich. Würde er nicht denken, dann wäre er nicht. Also muss er denken, wie er ja selbst von sich sagt. Wie es um die Qualität seines Denkens bestellt ist, offenbart der weitere Verlauf der Szene. Der König ist äußerst vergesslich, was ihn wiederum „confus" macht, er ist „in der größten Verwirrung"[40], was er zwischenzeitlich immerhin noch selbst zu erkennen vermag. Soviel zum Bezug auf Descartes.

Zweitens ist der von König Peter verwendete Begriff der Substanz eine Anspielung auf die Philosophie Spinozas. Dort ist die Substanz Gott, wie Büchner in seinem *Spinoza*-Skript notierte: „Gott [...] wird mit dem Namen Substanz umfaßt."[41] Wenn König Peter sich selbst mit der spinozistischen Substanz gleichsetzt, dann setzt er sich also mit Gott gleich. Hier ist die zeitgenössische Diskussion um Spinoza zu vergegenwärtigen. In Heinrich Heines Schrift *Zur Geschichte der Religion und Philosophie in Deutschland*, die Büchner nachweislich kannte und die bei der Interpretation der philosophischen Anspielungen entsprechend hinzuzuziehen ist, ist zunächst nachzulesen, was auch Büchner notiert hat: „Spinoza lehrt: Es gibt nur eine Substanz, das ist Gott. Diese eine Substanz ist unendlich, sie ist absolut"[42], wobei Spinoza für Heine, dies ist die „atheistische Spinoza-Pointe der Philosophie-Schrift"[43], ein „Unglaubensgenosse"[44] war. Diese Dimension dürfte Büchner klar gewesen sein, der sich in seinem ersten Drama *Danton's Tod* im viel zitierten philosophischen Gespräch bei dem dort von dem religionskritischen Philosophen Thomas Payne begründeten „Fels des Atheismus"[45] explizit auf Spinoza berufen hat und mit der Debatte um Spinoza vertraut war, mit dem berühmten Pantheismus-Streit, der seinen Angelpunkt in Friedrich Heinrich Jacobis Schrift *Über die Lehre des Spinoza in Briefen an den Herrn Moses Mendelssohn* hatte. Dort heißt es gebündelt: „Spinozismus ist Atheismus."[46] Dieser Hintergrund ist zu bedenken, wenn König Peter sich mit Gott gleichsetzt, den es angesichts der skizzierten Debatte für die atheistische Position personifiziert nicht gibt. Dann nämlich gibt es auch diesen König nicht. Festzuhalten ist aber in jedem Fall, dass er seine Identität mit der spinozistischen Substanz behauptet, sich als Repräsentant des Absoluten sieht.

---

40 Georg Büchner: *Leonce und Lena* (Anm. 6), S. 12.
41 MBA (Anm. 4) 9.2, S. 17.
42 Heinrich Heine: *Zur Geschichte der Religion und Philosophie in Deutschland*. Hg. von Jürgen Ferner. Stuttgart 1997, S. 61.
43 Bodo Morawe: *Citoyen Heine. Das Pariser Werk. Bd. 1: Der republikanische Schriftsteller.* Bielefeld 2010, S. 214.
44 Ebd., S. 208. Heine hat Spinoza so bezeichnet.
45 MBA (Anm. 4) 3.2, S. 49.
46 *Ueber die Lehre des Spinoza in Briefen an den Herrn Moses Mendelssohn.* Neue vermehrte Ausgabe. Breslau 1789, S. 223.

Überhaupt bedient sich König Peter bevorzugt der Terminologie aus Spinozas Philosophie, die er aber mit anderen Referenzen mischt und so diffus verallgemeinert, alles stets bezogen auf seine Repräsentation als Herrscher, dessen äußere Erscheinung durch das Ankleiden hergestellt wird. So sagt er: „Jetzt kommen meine Attribute, Modificationen, Affectionen und Accidenzien, wo ist mein Hemd, meine Hose?"[47] Es sind dies alles komisch auf das Ankleidezeremoniell bezogene philosophische Begriffe, von denen die drei ersten aus der *Ethik* Spinozas stammen. Attribute sind, wie Büchner im *Spinoza*-Skript exzerpiert hat, die Eigenschaften der Substanz, also Gott: „Unter Attribut verstehe ich dasjenige, welches die Vernunft an der Substanz als ihr Wesen ausmachend wahrnimmt"[48]. Die Attribute sind einerseits als Modifikationen wahrnehmbar, sie sind, wie es weiter im *Spinoza*-Skript heißt, „durch eine Modification modificirt"[49], also näher bestimmt, andererseits, so heißt es ebenfalls im *Spinoza*-Skript, als „Affectionen"[50] Eindrücke. Der Begriff der „Accidenz" bedeutet schlicht „etwas Zufälliges"[51] und bezeichnet philosophiegeschichtlich seit Aristoteles den Gegensatz zur Substanz. Beachtet man die Inhalte der aufgezählten philosophischen Begriffe, dann gelangt man von der Substanz zum Gegensatz zur Substanz. Festzustellen ist wiederum die Verwirrung des Königs, der sich in Widersprüchen verheddert. Soviel zum Bezug auf Spinoza.

Drittens ist dadurch, dass König Peter sagt, die Substanz sei „das an sich", und dann fortfährt: „Begriffen? An sich ist an sich, versteht ihr?"[52] angespielt auf Kants landläufig bekanntes „Ding an sich" in der *Kritik der reinen Vernunft*. Definiert hat Kant dort den „Begriff eines Noumenon, d. i. eines Dinges, welches gar nicht als Gegenstand der Sinne, sondern als ein Ding an sich selbst, (lediglich durch einen reinen Verstand) gedacht werden soll".[53] Heine hat das in seiner Schrift *Zur Geschichte der Religion und Philosophie in Deutschland* so kommentiert:

---

47 Georg Büchner: *Leonce und Lena* (Anm. 6), S. 11. Attribute sind in der Ankleideszene auch die Kleider, die mit der philosophischen Bedeutung wesentlich sind, zugleich aber auch als ‚Accidenzien' nur zufällig, wobei der Satz so gebaut ist, dass auch nur die Hose zufällig sein könnte.
48 MBA (Anm. 4) 9.2, S. 5.
49 Ebd., S. 26.
50 Ebd., S. 5.
51 Joh. Christ. Aug. Heyse: *Allgemeines Fremdwörterbuch oder Handbuch zum Verstehen und Vermeiden der in unserer Sprache mehr oder minder gebräuchlichen fremden Ausdrücke [...]*. Bd. 1. 5. Aufl. Hannover 1829, S. 7.
52 Georg Büchner: *Leonce und Lena* (Anm. 6), S. 11. „An sich ist an sich" – die Tautologie in der Formulierung bezieht sich zugleich, das ist der Witz der Ankleideszene, auf das Tragen von Kleidern: Etwas an sich tragen heißt ja bekleidet sein.
53 Immanuel Kant: *Kritik der reinen Vernunft*. Hg. von Ingeborg Heidemann. Stuttgart 1978, S. 340f.

> Kant macht [...] einen Unterschied zwischen den Erscheinungen der Dinge und den Dingen an sich. [...] da also die Dinge nicht, wie sie an und für sich selbst sind, sich uns zeigen: so hat Kant [...] die Dinge an und für sich Noumena genannt. [...] Gott ist, nach Kant, ein Noumen. In Folge seiner Argumentation, ist jenes transzendentale Idealwesen, welches wir bisher Gott genannt, nichts anders als eine Erdichtung.[54]

Gott als das „Ding an sich" ist also erfunden, erdichtet, eine radikal religionskritische Deutung wie schon bei Spinoza. Was das für König Peters Identifikation mit dem „Ding an sich" bedeutet, liegt auf der Hand. Er ist wie dieses eine Erdichtung.

Die Anspielung auf Kant in der Rede König Peters zeigt sich auch darin, dass er sagt: „Die Kategorien sind in der schändlichsten Verwirrung, es sind zwei Knöpfe zuviel zugeknöpft [...]. Mein ganzes System ist ruinirt."[55] Die zwei Knöpfe zuviel sind eine Anspielung darauf, dass Kant das seit Aristoteles geltende philosophische Kategoriensystem mit zehn Kategorien in der *Kritik der reinen Vernunft* revolutionierte, indem er eine „Tafel der Kategorien"[56] als Lehre von zwölf das Denken a priori bestimmenden Begriffen einführte. Über dieses Denken hat Büchner in seiner Probevorlesung an der Universität Zürich gesagt: „Die Philosophie a priori sitzt noch in einer trostlosen Wüste; sie hat einen weiten Weg zwischen sich und dem frischen grünen Leben, und es ist eine große Frage, ob sie ihn je zurücklegen wird."[57] Der Prinz Leonce weiß dann in der Szene I/3 von seinem Vater zu berichten: „[...] a priori, das muß man bei meinem Herrn Vater lernen [...]."[58] Das philosophische Kategoriensystem im Munde des Herrn Vater ist von ihm völlig inadäquat und somit komisch auf die Knöpfe an Hemd oder Hose bezogen, auf seine Kleidung, und also mit dem vestimentären System gleichgesetzt, mit der Bekleidung des Herrschers, deren Ordnung durch die zwei Knöpfe = zwei Kategorien zuviel ruiniert ist. Damit ist nichts anderes ruiniert als die nun in Unordnung geratene Herrscherrepräsentation.

Die Anspielung auf Kants „Ding an sich" zur Charakterisierung des philosophierenden Königs wird dann in der letzten Szene des Lustspiels bezeichnenderweise aufgenommen. Dort muss der König zunächst feststellen, dass das Brautpaar fehlt und die Hochzeit deshalb nicht stattfinden kann. „Halt, ist der Schluß logisch? Wenn – dann – richtig – Aber mein Wort, mein königliches Wort!" Da beruhigt ihn der Präsident: „Tröste sich Eure Majestät mit andern Majestäten. Ein königliches Wort ist ein Ding, – ein Ding, – ein Ding, – das nichts ist."[59] Was

---

54 Heinrich Heine: *Geschichte der Religion und Philosophie* (Anm. 42), S. 100.
55 Georg Büchner: *Leonce und Lena* (Anm. 6), S. 11.
56 Immanuel Kant: *Kritik der reinen Vernunft* (Anm. 53). S. 109 f.
57 MBA (Anm. 4) 8, S. 155.
58 Georg Büchner: *Leonce und Lena* (Anm. 6), S. 21.
59 Ebd., S. 38.

das königliche Wort angeht, das hier nichts ist, nichts gilt, so spielt der Text hier an auf das gebrochene Verfassungsversprechen der deutschen Monarchen bereits im Vorfeld des Wiener Kongresses. Dass dieses königliche Wort ein „Ding" ist, verweist im intertextuellen Bezugssystem von Büchners Lustspiel auf einen in *Leonce und Lena* zentralen Bezugstext, in dem der König selbst ein „Ding" ist, nämlich auf Shakespeares *Hamlet*. Dort heißt es im Dialog des Prinzen Hamlet mit seinem Höfling Güldenstern:

> HAMLET. [...] Der König ist ein Ding –
> GÜLDENSTERN. Ein Ding, gnädiger Herr?
> HAMLET. Das nichts ist [...].[60]

Der König ist also ein Ding, das nichts ist. Bringt man die Kant-Anspielung in der Szene I/2 von *Leonce und Lena* in Verbindung mit der *Hamlet*-Referenz, dann ist der König bei Büchner ein „Ding an sich", das nichts ist. Soviel zum Bezug auf Kant.

Es gilt nun noch das Wörtchen „ich" in den Blick zu nehmen, mit dem König Peter seinen hier zur Debatte stehenden Satz schließt: „Die Substanz ist das an sich, das bin ich." Viertens nämlich spielt dieses „ich" an auf Fichtes *Wissenschaftslehre*, eine spekulative Philosophie, in deren Zentrum das Ich steht, da alles Sein im Selbstbewusstsein gründe, das Ich sich selbst setze. Dort heißt es: „Ich = Ich; Ich bin Ich. [...] Der Saz: Ich bin Ich [...] gilt unbedingt, und schlechthin [...]."[61] Explizit ist Fichte auch in der Rede König Peters vor dem Staatsrat zitiert. In dieser Rede macht der König sich zunächst über seine offenbar unsichere Identität Gedanken, über sein Ich: „Wenn ich so laut rede, so weiß ich nicht wer es eigentlich ist, ich oder ein anderer, das ängstigt mich."[62] Darüber muss er dann lange nachdenken, wie die dann folgende Szenenanweisung „Nach langem Besinnen" verrät. Und dann spricht er mit Fichte: „Ich bin ich."[63] Wiederum in Heines *Philosophie*-Schrift ist wie schon über Spinoza und Kant in religionskritischer Perspektive nun über Fichte zu lesen:

> Die Wissenschaftslehre beginnt mit einer abstrakten Formel (Ich = Ich) [...]. Wir mokierten uns nicht übel über das Fichtesche Ich, welches die ganze Erscheinungswelt durch sein bloßes Denken produzierte. [...] Das Fichtesche Ich ist aber kein individuelles Ich, sondern das zum Bewußtsein gekommene allgemeine Welt-Ich.[64]

---

60 William Shakespeare: *Hamlet. Prinz von Dänemark. Tragödie.* Übersetzt von August Wilhelm Schlegel. Hg. von Dietrich Klose. Stuttgart 2001, S. 91.
61 Johann Gottlieb Fichte: *Grundlage der gesammten Wissenschaftslehre oder Grundriß des Eigenthümlichen der Wissenschaftslehre in Rücksicht auf das theoretische Vermögen.* Neue unveränderte Auflage. Tübingen 1802, S. 6.
62 Georg Büchner: *Leonce und Lena* (Anm. 6), S. 12.
63 Ebd.
64 Heinrich Heine: *Geschichte der Religion und Philosophie* (Anm. 42), S. 222–224.

König Peter sieht sich also als jenes Welt-Ich Fichtes, als ein überindividuelles Phänomen. Heines Bemerkung, dass man sich über Fichtes Ich-Philosophie mokiert, sich darüber lustig gemacht habe, verweist auf die erwähnte Herrschersatire der Romantik, wie sie etwa in Eichendorffs bereits erwähntem Stück *Krieg den Philistern* ausgeführt ist, an die Büchner in *Leonce und Lena* anknüpft. In Eichendorffs *Krieg den Philistern* erläutert der Narr, man werde „den obersten Satz zugeben müssen: Ich bin Ich! [...] Nun, Ich bin Ich, das heißt in der angewandten Philosophie nichts andres, als der Herr Regent dort ist der Herr Regent".[65] Ebenso macht sich Büchners Lustspiel über den König darin anhand der wörtlichen Referenz auf Fichtes Ich-Philosophie lustig. Soviel zum Bezug auf Fichte.

Die vier philosophischen Anspielungen, die auf die philosophischen Systeme von Descartes, Spinoza, Kant und Fichte zielen, sind in ihrer Eigenart betrachtet. Es bleibt nun noch die erwähnte politische Anspielung zu vergegenwärtigen, auf welche der Satz König Peters zugespitzt ist: „Die Substanz ist das an sich, das bin ich." Bekannt ist mit Blick auf „die Gleichsetzung zweier Systeme" in der Szene mit König Peter, „des politischen, auf dem seine Macht gründet, mit dem philosophischen, das ihr Legitimationsgründe liefert", die „satirische Wirkung dieser Diskurskopplung".[66] Die stichwortartigen Anspielungen auf die Kategorien des Absoluten in den philosophischen Systemen von Descartes, Spinoza, Kant und Fichte kulminieren komisch in der anzitierten Identifikation – „das bin ich" – mit dem absoluten Monarchen schlechthin durch Anspielung auf den berühmten Satz des Sonnenkönigs Ludwig XIV.: „L'état, c'est moi!"[67] (‚Der Staat, das bin ich!') Der Herrscher über das Königreich Popo allerdings „ist dement, und in seiner Gestalt ist die einstige Pracht des Absolutismus auf ihre Demenzstufe geraten."[68] Er ist die Karikatur eines absolutistischen Monarchen. In dieser Karikatur ist das feudale System der abgelebten politischen und gesellschaftlichen Verhältnisse der 1830er Jahre persifliert. Zugleich ist mit dieser Karikatur die abgelebte Gesellschaft literarisch begraben, ihr durch Komik ein Ende bereitet und dies bereits beim ersten Auftritt des Königs durch seine ersten Sätze, die er spricht. Wenn

---

65 Joseph von Eichendorff: *Krieg den Philistern* (Anm. 31), S. 23.
66 Rudolf Drux: „Eigentlich nichts als Walzen und Windschläuche". Ansätze zu einer Poetik der Satire im Werk Georg Büchners. In: Burghard Dedner / Günter Oesterle (Hg.): *Zweites Internationales Georg Büchner Symposium 1987. Referate.* Frankfurt a. M. 1990 (Büchner-Studien. Bd. 6), S. 335–352, hier S. 345 f. Vgl. dazu die kurze Forschungsdiskussion von Rudolf Drux: „Aussterben" als Innovation. „Die abgelebte moderne Gesellschaft" in den Dramen Georg Büchners. In: *Monatshefte für deutschsprachige Literatur und Kultur* 93 (2001) Nr. 3, S. 300–317, hier S. 315 f.
67 *Allgemeine deutsche Real-Encyklopädie für die gebildeten Stände. (Conversations-Lexicon.) In zwölf Bänden.* 7. Aufl. Leipzig 1827, Bd. 6, S. 699.
68 Jörg Jochen Berns: *Zeremoniell und Prinzensatire* (Anm. 7), S. 243.

es auf den ersten Blick den Anschein haben mag, dass in der Rede König Peters „Philosophie zum Selbstzweck verkommen"[69] ist, dann trügt dieser Anschein. Die philosophischen Anspielungen dienen vielmehr einem ganz bestimmten Zweck, auf Seiten der Figur der Selbstvergewisserung als absolutistischer Herrscher, auf Seiten ihres Erfinders die Demontage eines solchen Herrschers durch im Wortsinn absolute Komik. Insofern ist auch die Bemerkung von Marcus Deufert zu differenzieren, dieser Herrscher sei das „Opfer eines nicht verstandenen modephilosophischen Jargons", philosophische „Zitatfetzen [...] vermischt er mit dem absolutistischen Herrschaftsanspruch Ludwigs XIV. zu einem unverständlichen, pseudophilosophischen Sprachgemenge"[70], denn von Unverständlichkeit kann keine Rede sein, korrespondieren doch die Zitate im Rekurs auf das Absolute gerade mit dem Absolutismus.

Selbstvergewisserung als absoluter Monarch von Gottes Gnaden hat der König intendiert, legitimiert werden sollte das Gottesgnadentum aber durch die Philosophie, was gerade durch diese Berufung – sei es auf Descartes, sei es auf Spinoza, sei es auf Kant oder sei es auf Fichte – in das Gegenteil dessen umgeschlagen ist, was aus der Herrscherperspektive beabsichtigt war. Mit der König Peter-Szene hat Büchner Dialektik im besten Sinn betrieben. Der Absolutismus hebt sich im Rekurs auf die Kategorien des Absoluten in verschiedenen philosophischen Systemen selbst auf. Er ist somit erledigt. Büchners *Leonce und Lena* zeigt: Der politische Aufbruch erfolgt literarisch mit der geschilderten Erledigung des Absolutismus in der Komödie, die damit als Zeugnis eines literarisch realisierten politischen Umbruchs zu lesen ist.

Zum Schluss noch eine gattungstheoretische Bemerkung zur Relevanz von Büchners so raffinierten wie konsequenten gesellschaftskritischem Verfahren durch Komik. Büchner hatte Gutzkow 1836 geschrieben, man müsse „die abgelebte moderne Gesellschaft zum Teufel gehen lassen"[71] und dies literarisch in einer Komödie in der komischen Demontage des Repräsentanten an der Spitze dieser Gesellschaft realisiert. Den Gedanken, die Komödie sei diejenige Form, die überholte Verhältnisse adäquat zu fassen vermag, hat dann Karl Marx 1844 in seinem Aufsatz *Zur Kritik der Hegelschen Rechtsphilosophie* ebenfalls formuliert, als er über das „jetzige deutsche Regime" schrieb, dieses

> moderne „ancien régime" ist nur mehr der Komödiant einer Weltordnung, deren wirkliche Helden gestorben sind. Die Geschichte ist gründlich und macht viele Phasen durch, wenn sie eine alte Gestalt zu Grabe trägt. Die letzte Phase einer weltgeschichtlichen Gestalt ist ihre Komödie. Die Götter Griechenlands, die schon einmal tragisch zu Tode verwundet waren im gefesselten Prometheus des Aeschylus, mussten noch einmal komisch sterben in den Gesprä-

---

69 Guido Rings: Georg Büchners *Leonce und Lena* (Anm. 13), S. 118.
70 Marcus Deufert: *Lustspiel der verkehrten Welt* (Anm. 16), S. 152.
71 Georg Büchner: *Die Briefe* (Anm. 2), S. 77.

chen Lucians. Warum dieser Gang der Geschichte! Damit die Menschheit heiter von ihrer Vergangenheit scheide. Diese heitere geschichtliche Bestimmung vindiciren wir den politischen Mächten Deutschlands.[72]

Nicht von ungefähr hat daher in der Vorrede von *Leonce und Lena* der Komödiendichter das letzte Wort.[73]

---

72 Karl Marx: Zur Kritik der Hegel'schen Rechts-Philosophie. Einleitung. In: *Deutsch-Französische Jahrbücher*. Hg. von Arnold Ruge und Karl Marx. Paris 1844, S. 71–85, hier S. 75.
73 Auf die Frage des Tragödiendichters nach dem Ruhm antwortet der Komödiendichter mit der Gegenfrage nach dem Hunger: „Alfieri: ‚e la fama?' / Gozzi: ‚e la fame?'" Georg Büchner: *Leonce und Lena* (Anm. 6), S. 5.

Bild – Erzählung – Aporie
Die verstörende Poetik Wolframs von Eschenbach[1]

Stephan Fuchs-Jolie

Man kann wohl mit guten Gründen sagen, dass die großen Dichter und Literaten aller Zeiten immer Poeten des Aufbruchs und Umbruchs sind – wahrscheinlich würden wir sie sonst nicht zu den ‚Großen' zählen. Wenn man sich fragt, welcher deutschsprachige Dichter der Vormoderne nun zu solchen großen Auf- und Umbrechern zählt, dann gehört Wolfram von Eschenbach ganz sicher dazu. Man muss das nicht mit einer literatur- oder kulturgeschichtlichen Umbruchszeit verbinden – obwohl man das natürlich kann: Mit Wolfram und seinen unmittelbaren Vorläufern und Stoff- und Stichwortgebern in den Jahrzehnten um 1200 hat sich in den europäischen Volkssprachen, besonders im Okzitanischen, Französischen und dann auch im Deutschen, eine selbständige Dichtungskultur bis zu einem Punkt entwickelt, dass man erstmals von einer eigenständigen Literatur in diesen Sprachen sprechen kann. Es entstehen, um bei der Epik zu bleiben, umfangreiche selbständige Erzählungen in den Volkssprachen, nicht mehr bloß im Latein des Klerus; Erzählungen, die nicht moralisierend-exemplarisch und nicht historisierend sind, sondern die Märchenhaftes und Historisches frei mischen, erstmals unter der Regie eines selbstbewussten, sich selbst nennenden Erzählers, der mit seinen Rezipienten – Hörer sind es in dieser weltlichen Kultur, keine Leser – darüber kommuniziert, wie und wann durch Erzählen Sinn entsteht. In dieser revolutionären ritterlich-höfischen Kultur, die man mit Recht als einen entscheidenden Aufbruch zum modernen Europa sehen kann, ereignet sich auch die Geburt der Fiktionalität, die Geburt des Romans. Und daran hat Wolfram entscheidenden Anteil. Von Wolfram sind neben ein paar wenigen Liedern drei erzählende Texte überliefert, die man zwischen 1200 und 1220 datieren und untereinander in folgende chronologische Abfolge bringen kann: der ‚Parzival', ein Artus- und Gralsroman von etwa 25.000 Versen nach der Vorlage des fragmentarischen französischen Romans des Chrétien de Troyes; der ‚Willehalm', ein Stoff aus der historischen französischen Tradition, der von dem Kampf zwischen Christen und

---

[1] Dieser Beitrag wurde weitgehend in der Vortragsform belassen. Eine anders akzentuierte, erweiterte und mit ausführlichen Nachweisen und Anmerkungen versehene Fassung wird demnächst unter dem Titel: Metapher und Metonymie bei Wolfram. Überlegungen zum ‚Personalstil' im Mittelalter, in: Elisabeth Andersen / Ricarda Bauschke / Nicola McLelland / Silvia Reuvekamp (Hg.): *Stil. Mittelalterliche Literatur zwischen Konvention und Innovation. XXII. Anglo-German Colloquium.* Berlin 2012, erscheinen.

Sarazenen in Südfrankreich nach dem Tod Karls des Großen erzählt – ein Fragment von etwa 16.000 Versen, denn es bricht offen ab; und schließlich der ‚Titurel', ein gänzlich fragmentarisches Werk, zwei Textblöcke von 136 und 39 Strophen, ohne Anfang und Schluss, die die Vorgeschichte einer Liebesgeschichte zu erzählen beginnen, deren tödlich-tragisches Ende schon im ‚Parzival' erzählt worden war (nicht aber im ‚Perceval' Chrétiens) – es ist wohl die erste Erzählung deutscher Sprache, zu der wir keine Quelle und Vorlage kennen und also eine freie Erfindung des Autors ist.

Nun muss man aber, um Wolfram als Poeten des Auf- und Umbruchs zu charakterisieren, gar nicht dergestalt positivistisch literar- und kulturhistorisch mit einer Epoche des Aufbruchs argumentieren. Ich werde im folgenden literaturwissenschaftlich dafür argumentieren: Ich will zeigen, dass sich in Wolframs Werken die Praxis und die Reflexion des poetischen Sprechens zu einer solchen Komplexität entwickelt hat, dass die Textoberflächen aufbrechen, umbrechen, geradezu umgepflügt werden, so dass die darunter liegenden Probleme des Geschichten-Erzählens und des Bilder-Machens mit sprachlichen Zeichen zutage treten. Es ist eine Poetik des permanenten Aufbrechens und des Umbrechens – in der Geburtsstunde der Literatur der Sprachen Europas schon so modern und avanciert, wie es nur sein kann. Ich nehme die Metapher vom *Aufbruch* also wörtlich – und tue das im Geiste dessen, was auch Wolfram mit sprachlichen Bildern macht. Worum es mir geht, sind Beobachtungen zur poetischen Faktur von Wolframs Dichten. Es ist ein ganz eigentümliches Zusammenspiel von Metonymie und Metapher, ein spezifisches Verhältnis von analogischem und konnotierendem Denken, das in Wolframs Texten die Oberflächenebene mit Handlungsorganisation und Sinnkonstitution verbindet.

Ich liefere etwas Theorie nach und beginne zunächst mit je einer Stelle aus dem ‚Parzival' und dem ‚Willehalm'.[2] Bei ihrem ersten Auftreten sitzt Condwiramurs, Parzivals spätere Frau, vor dem überwältigten jungen Parzival,

> als von dem süezen touwe
> diu rôse ûz ir bälgelîn
> blecket niwen werden schîn,
> der beidiu wîz ist unde rôt.   (Pz. 188,10–13)

„[Sie sitzt,] so wie durch den [*oder:* heraus aus dem] süßen Tau die Rose aus ihrem Knospenbalg frischen, edlen Glanz blitzen lässt, der zugleich weiß und rot ist."[3]

---

2   Zu diesen beiden Beispielen s. ausführlicher Stephan Fuchs-Jolie: *al naz von rœte*. Visualisierung und Metapher in Wolframs Epik. In: John Greenfield (Hg.): *Wahrnehmung im ‚Parzival' Wolframs von Eschenbach*. Porto 2004, S. 243–278.

3   Ich zitiere den mittelhochdeutschen Text nach: Wolfram von Eschenbach: *Parzival*. Studienausgabe. Mittelhochdeutscher Text nach der sechsten Ausgabe von Karl Lachmann. Berlin / New York 1998 [= Pz.]. – Sämtliche Übersetzungen von mir.

Das Bild mutet zunächst konventionell an, und natürlich sind sowohl die Rose als auch der glitzernde himmlische Tau altehrwürdige Topoi der Schönheitsbeschreibung wie der Mariensymbolik. Hier aber sind zwei Dinge bemerkenswert: einmal das *von*, einmal das *bälgelîn*. Das *von* verstehe ich zunächst einmal kausal: „*infolge* des süßen Taus macht die Rose neuen, edlen Glanz sichtbar." Der Tau bewirkt, dass das verhüllende *bälgelîn*, die Knospenhülle, aufbricht und sich die eigentliche Schönheit zeigt. Diese Vorstellung, dass der Morgentau in himmlischer Befruchtung das Erblühen der Rose bewirkt, ist literarisch vielfach bezeugt – *nach* Wolfram. Nun muss man sich aber fragen, was denn in diesem charmanten Vergleich dem *bälgelîn* auf Seiten Condwiramurs entspricht. Denn es ist ja nicht so, dass erblühende Mädchenschönheit noch kurz zuvor wie eine raue Schale aussieht! Das *bälgelîn* verweist auf etwas, was *außerhalb* des Körpers der makellosen Condwiramurs liegt: Es verweist auf die Bewohner der belagerten Stadt Pelrapeire, die die junge Königin Condwiramurs retten muss und nicht kann – sie ist jung, der Vater ist gestorben, sie wird von Freiern bedrängt. Denn von dem schlaffen *balc* der Untertanen – ein sehr seltenes Wort – ist zweimal dicht bei dieser Textstelle die Rede, einmal kurz zuvor, einmal kurz darauf.[4] Condwiramurs' Schönheit scheint zunächst durch nichts beeinträchtigt – obwohl auch sie mörderischen Hunger leiden muss. So sehr die Zeichen des Leides von der Beschreibung ihres Körpers ferngehalten werden, so subversiv kommen sie im metaphorischen Vergleich wieder hinein, und zwar durch horizontale, metonymische Konnotationen eines einzelnen Bestandteils der Metapher: Das hässliche Draußen, der *balc*, ist im blühend schönen Inneren des Palastes anwesend. Die querlaufenden Konnotationen der Signifikanten lassen sich nicht unterdrücken. Hat das starke Wort vom *balc* draußen vor der Tür die kühne Metapher von der Rose im *bälgelîn* erst hervorgetrieben?

Dazu eine zweite Stelle, nun aus dem ‚Willehalm'. Der Zusammenhang: Die erste Schlacht der Christen gegen die Sarazenen ist geschlagen – alle Christen sind tot, allein Anführer Willehalm konnte fliehen und hat versucht, beim französischen König Hilfe zu holen für Vergeltung. Er kommt in letzter Minute mit dem Heer aus dem Norden zurück zur belagerten Festung Oransche (= Orange), wo nur noch die Stadtburg von Willehalms Frau und wenigen Leuten gehalten wird. Willehalm hat auch einen jungen Mann namens Rennewart mitgebracht, der am Königshof erzogen wurde, in Wahrheit aber der verschollene Sohn des heidnischen Oberkönigs ist. Bei seinem Auftreten im Palas von Oransche am Vorabend der zweiten Schlacht wird dieser Rennewart so beschrieben:

---

4   *die truogen alle slachen balc,* Pz. 183,19; *in was erschoben niht der balc,* Pz. 200, 23.

> dâ sîn vel was besweizet
> und der stuop was drûf gevallen,
> dô er vor den andern allen
> kom, als im sîn manheit riet,
> etswâ ein sweizic zaher schiet
> den stuop von sînem klâren vel.
> Rennewartes, des knappen snel,
> sîn blic gelîchen schîn begêt,
> als touwic spitzic rôse stêt
> und sich ir rûher balc her dan
> klûbet: ein teil ist des noch dran.
> wirt er vor roste immer vrî,
> der heide glanz wont im ouch bî.   (Wh. 270,12–24)

„Wo seine Haut mit Schweiß bedeckt und Staub darauf gefallen war, als vor den anderen allen hergelaufen war, wie seine Männlichkeit ihm zuriet, hatte hier und da ein Tropfen Schweiß den Staub von seiner hellen Haut entfernt. Rennewarts, des tapferflinken Knappen Anblick hat den gleichen Glanz wie eine tauige, spitze Rose, wenn sich ihr rauher Knospenbalg gerade abschält: Ein Teil davon ist noch daran. Wird er jemals vom Rost befreit, dann wird der Blumenwiesenglanz mit ihm sein."[5]

Anders als bei Condwiramurs hat hier der *balc* eine klare Entsprechung: Schmutz. Und auch der Tau hat seine reale Entsprechung: Schweiß. Es sind *sweizic zaher*, die den Staub an einzelnen Stellen zum Verschwinden bringen. Wenn der Vergleich stimmig sein soll, dann heißt das, dass auch hier der Tau das Aufbrechen des *balc* bewirkt, das Verschwinden des Verhüllenden. Zugleich ist aber der Schweiß das, was erst bewirkt, dass er schmutzig ist – und hier ist der Vergleich gerade nicht stimmig, denn bei Rosen ist der Tau für die Bedeckung durch den *balc* nicht ursächlich. Diese Unstimmigkeit verweist darauf, dass es – ganz ähnlich wie bei Condwiramurs – noch auf etwas anderes ankommt, als glitzernde Morgen-Schönheit. Um das zu entdecken, muss man wieder nach *außen* gehen, d. h. die paradigmatischen Dimensionen von Vergleich und Metapher verlassen. Warum schwitzt Rennewart eigentlich? Es heißt, weil er den anderen allen vorausgelaufen war. Aber das war auf dem Weg nach Oransche, und er ist schon vor langem angekommen. Alle haben längst die Zelte aufgeschlagen, haben sich gewaschen und umgezogen. Rennewart aber schwitzt noch immer. Rennewart ist es, der den Krieg draußen und seinen Schmutz körperlich in den Palas hineinträgt, der den Krieg beim höfischen Mahl präsent hält: Das Festmahl der französischen Fürsten am Vorabend der Entscheidungsschlacht wird als Prätention, als hohles Ritual inszeniert. Nun ist gewöhnlich jener Schmutz, den Männer im Gesicht tragen, der Rüstungsschmutz, der bei der Verwandlung des Kriegers in

---

5   Ich zitiere den mhd. Text nach: Wolfram von Eschenbach: *Willehalm*. Nach der Handschrift 857 der Stiftsbibliothek St. Gallen. Mittelhochdeutscher Text, Übersetzung und Kommentar. Hg. von Joachim Heinzle. Frankfurt 1991 (Bibliothek des Mittelalters 9). [= Wh.].

den festlich-höfischen Menschen abgewaschen werden muss. Rennewart aber ist noch niemals mit Rüstungen in Berührung gekommen, er hat ritterliche Waffen ausdrücklich abgelehnt und kämpft in weißem Gewand und mit einer riesigen Stange! Bei ihm ist der Rüstungsschmutz ersetzt durch das Schweiß-Staub-Gemisch. Dass genau solcher Rüstungsschmutz *gemeint* ist, ist durch den letzten Vers deutlich: *wirt er von roste immer vrî*, heißt es. Wie bei der Beschreibung Condwiramurs' setzt Wolfram auch hier ein ‚falsches' Wort ein, aber hier nicht ‚falsch' auf Seiten des Bildspenders, wie im Falle des *bälgelîn*, sondern ‚falsch' auf Seiten der abzubildenden Sache.

Die Substituierung von Schweiß-Schmutz durch Rost kommt noch öfter vor. Kurz darauf heißt es über Rennewart: *sîn blic durh rost* habe ausgesehen wie der vor Karnahkarnanz kniende Parzival – mit Rüstungs-Rost hat aber auch Parzival zu diesem Zeitpunkt nichts zu tun.[6] Die Rede Rennewarts leitet der Erzähler kurz darauf mit den Worten ein:

> under râme der geflôrte,
> des vel ein touwic rôse was,
> ob ez im rosteshalp genas,
> er sprach [...].   (Wh. 195,4–7)

„Der Blütenschöne unter Schmutz – dessen Haut war eine tauige Rose, wenn sie je den Rost los wird – er sagte: [...]."

Durch die Verschiebung zum sachlich falschen Ding ‚*rost*' ist der Vergleich, der ja durch metaphorische Bebilderung das Aussehen anschaulich machen wollte, als Inszenierung des Erzählers ausgewiesen. Der Rost ist bloß Metapher für das, was er bedeuten soll, nicht Beschreibung dessen, was man sehen kann. Die visuelle Evidenz der Metapher-gestützten Beschreibung erweist sich bei genauem Hinsehen als unscharf – sie zwingt den Rezipienten, einzelne, ‚unstimmige' Elemente zugleich als visualisierende Bildelemente aus anderen, weiteren Zusammenhängen zu begreifen. Condwiramurs' *bälgelîn* und Rennewerts *rost* sind von außen, quer, syntagmatisch in die Metaphern hineinverschoben – sie übermalen das Bild mit anderen Bildern (ausgehungerte Körper, rostverschmierte Ritter); sie bilden in einer Art Überblendung gleichzeitig Verschiedenes ab.

Diese einleitenden Beispiele sollten zeigen, dass die spezifische Gebrochenheit, Dunkelheit, Wildheit von Wolframs Bildern sich erhellen lässt, wenn man jeweils die Beziehungen auffindet, die einzelne Signifikanten unterhalten und stiften. Um das noch etwas genauer beschreiben zu können, will ich kurz darlegen, wie ich die Begriffe gebrauche – und dabei geht es mir nicht um subtile

---

6   Wh. 271,17–21. Wolfram spielt auf seinen eigenen ‚Parzival'-Roman an, auf die Szene Pz. 120,11 ff.

Metapherntheorie,[7] sondern nur um ein paar Werkzeuge, die mir helfen sollen, die verschränkten Beziehungen der Zeichen und Sinnbildungsprozesse etwas zu sortieren. Dem berühmten Vorschlag Roman Jacobsons folgend, lässt sich das Verfahren, nach dem sich das sprachliche Syntagma knüpft, grundsätzlich zwei Typen von Beziehungen der Signifikanten zuordnen: metaphorischen und metonymischen Beziehungen.[8] Ich lege mir das für meine Zwecke so zurecht:

- Die Metapher ist eine Verknüpfungsoperation, die der Aufforderung ‚Ersetze!' folgt. Das heißt, dass spezifische Similaritätsaspekte, Ähnlichkeiten zwischen den mit den Signifikanten zu verbindenden Vorstellungen eine Analogiebeziehung stiften. ‚Metaphorisch' soll alles genannt werden, was in der Ordnung des Syntagmas dazu beiträgt, Begriffe, die primär verschiedenen Vorstellungsinhalten angehören, in eine sehr spezifisch restringierte, potentielle Vergleichsbeziehung zu bringen. Das Entscheidende an solcher metaphorischen Relation ist die Stiftung von Beziehung nach einem Paradigma, einem Analogon, das vom Bildspender bestimmt wird. Insofern ist die metaphorische Beziehung eine vertikale, eine paradigmatische, eine denotative.
- Metonymische Operationen hingegen sind durch die Produktionsregel ‚Ergänze!' bestimmt. Die metonymischen Ergänzungen sind konnotativ, horizontal: Sie entstehen aus dem Kontiguitätsprinzip, das die Signifikanten durch real benachbarte Signifikanten syntagmatisch ergänzt. Das, was unter solcher ‚realer Nachbarschaft' zu verstehen ist, kann sehr verschieden sein. Nicht nur zeitliche, räumliche, ursächliche, logische oder lebensweltliche Zusammenhänge stiften metonymische Beziehungen, sondern auch jene ‚Realität' eines homogenen Raumes, die die Materialität der Signifikanten repräsentiert: Etymologische, morphologische oder phonetische Beziehungen lassen sich in diesem weiteren Sinne ebenso als metonymische, syntagmatische Ergänzungsregeln betrachten.

Jenes Prinzip der kontrastiven Überblendung metaphorischer und metonymischer Beziehungen, das an der ‚tauigen Rose' zu beobachten war, scheint mir nun bei Wolfram auf verschiedenen Ebenen sinnstiftend zu wirken, sowohl mikrostrukturell als auch makrostrukturell. Dafür noch je ein Beispiel, nun aus dem ‚Titurel', dem dritten epischen Werk Wolframs.

---

7   Es sei hierzu nur verwiesen auf die beiden von Anselm Haverkamp herausgegebenen Bände *Theorie der Metapher* (Darmstadt 1996) und *Die paradoxe Metapher* (Frankfurt 1998) sowie auf die beiden hervorragenden Artikel von Ekkehard Eggs im *Historischen Wörterbuch der Rhetorik*. Hg. von Gert Ueding. Bd. 5, Tübingen 2001: Art. ‚Metapher' Sp. 1099–1183 und Art. ‚Metonymie' Sp. 1196–1223.
8   Roman Jacobson: Der Doppelcharakter der Sprache und die Polarität zwischen Metaphorik und Metonymik. In: *Theorie der Metapher* (Anm. 7), S. 163–174 [zuerst engl. 1956].

Im folgenden Fall strukturiert eine zweifache *figura etymologica* die sich simultan überlagernden metonymischen und metaphorischen Beziehungen der Signifikanten. Im ‚Titurel' gesteht die junge Sigune ihrer Tante und Ziehmutter Herzeloyde ihre Liebe zu Schionatulander:

> ‚Dînes râtes, dînes trôstes, dîner hulde
> bedarf ich mit ein ander, sît ich al gernde nâch friunde iâmer dulde,
> vil quelehafter nôt. daz ist unwendec.
> er quelt mîne wilde gedanke an sîn bant, al mîn sin ist im bendec.' (Tit. 121)

> „‚Deinen Rat, deine Ermutigung und deine Zuneigung brauche ich gleichermaßen, da ich voll Begehren und Jagdlust nach dem Freund Kummer leide und quälende Not. Das wird nicht besser. Er schlägt meine ungezähmten Gedanken in seine Fesseln, all mein Sinnen und meine Sinne sind an ihn gefesselt.'"[9]

Die denotativ-metaphorischen Beziehungen weisen auf das Bildfeld der Falkenjagd. Im ‚Titurel' erscheinen die Liebenden vielfach als von der Minne Gejagte. Hier nun wird Sigune zunächst durch die Formulierung *al gernde* („ganz gierig") und *wilde* metaphorisch analog zum begierigen, ungezähmten Falken gesetzt, dessen Beute der vermisste Geliebte ist. Doch noch im selben Vers verwandelt sich das Bild, und Sigune ist der an das *bant* gefesselte Falke; der Geliebte ist der fesselnde, zähmende Falkner. Die Subjekte, Objekte und Prädikate sind *nicht* oder nur *scheinbar* durch die Identität und Kohärenz ihrer Denotate miteinander zum Syntagma verbunden, sondern vielmehr durch die konnotative Beziehung, die die Signifikanten untereinander unterhalten. Was die ineinandergleitenden Metaphern ordnet, ist die doppelte Perspektive auf den Falken, der einmal das Analogon der wilden, naturhaften Freiheit und einmal das Analogon der gezähmten, reglementierten Minnekultur bebildert; es ist die doppelte Perspektive auf *gernde* und *wilde*, die im ersten Ungebundenheit bezeichnet, womit im zweiten aber etwas zu Zähmendes konnotiert ist; es ist die doppelte Perspektive, die *gedanke* mit freiem, freiwilligem Begehren verknüpft, aber in einer kurzschlüssigen Verschiebung den zugehörigen *sin* als den sich selbst die Fessel suchenden Willen vorstellt: Die *wilden gedanke* werden in Schionatulanders Fesseln „hineinequält", und zugleich ist der *sin* ihm immer schon verbunden. Diese simultane Perspektivenvielfalt wird nicht in distinkte, nacheinander formulierbare Metaphern aufgelöst. An die Stelle kohärenter Metaphern treten konnotative Beziehungen, die Sinnbeziehungen aus der Mehrdeutigkeit einzelner Worte und benachbarter Begriffe schaffen. Und diese Mehrdeutigkeit ist es nun, die sprachlich kondensiert ist in der doppelten *figura etymologica* ‚quelehaft – quelt' und ‚bant – bendec'. Die rhetorische Figur wird poetisch fruchtbar

---

9 Ich zitiere nach: Wolfram von Eschenbach: *Titurel*. Hg., übersetzt und mit einem Kommentar und Materialien versehen von Helmut Brackert und Stephan Fuchs-Jolie. Berlin / New York 2002 [= Tit.].

gemacht zur Exemplifizierung des entscheidenden Problems, nämlich Bezogenheit und Differenz der Bedeutungspotentiale simultan wahrnehmbar zu machen. So sehr die etymologische Figur einerseits Verbindung auf lexikalischer und phonetischer Ebene schafft und damit die Beziehbarkeit der Bilder behauptet, so sehr weist sie anderseits auf die semantische und metaphorische Differenz hin.

Wolfram lässt die Sinnpotenzen der Bilder und sprachlichen Zeichen ineinander gleiten und in aporetischer Überblendung verharren. Dass dies nicht nur mikrostrukturell, sondern auch makrostrukturell die Textoberfläche signifikant profiliert, will ich an einem letzten Beispiel zeigen. Es geht um den kleinen Minneexkurs im ‚Titurel‘:

> [...] Schoynatulander
> was danoch niht starc an sînem sinne.
> er wart iedoch in herzen   nôt geslozzen von Sigûnen minne.
>
> Owê des, si sint noch   ze tump ze solher angest,
> wan, swâ diu minne in der iugent   begriffen wirt, diu wert aller langest!
> op daz alter minnen sich geloubet,
> dannoch diu iugent wont in der   minne bant, minne ist krefte unberoubet.
>
> Owê, minne, waz touc   dîn kraft under kinder?
> wan einer der niht ougen hât,   der möhte dich spehen, wârer blinder.
> minne, du bist alze manger slahte!
> gar alle schrîbære künden   nimer volschrîben dîn art noch dîn ahte.
>
> Sît daz man den rehten   münch in der minne
> unt och den wâren klôsenære   wol beswert, sint gehôrsam ir sinne,
> daz si leistent mangiu dinc doch kûme.
> minne twinget rîter   under helme. minne ist vil enge an ir rûme.
>
> Diu minne hât begriffen   daz smal unt daz breite.
> minne hât ûf erde   unt ûf himele für got geleite.
> minne ist allenthalben wan ze helle.
> diu starke minne erlamet an ir   krefte, wirt der zwîfel mit wanke ir geselle.
>
> Âne wanc unt âne   zwîfel diu beide
> was diu maget Sigune   <unt> Schoynatulander.   (Tit. 47,2–52,2)

„[...] Schionatulander war damals noch nicht recht verständig. Dennoch wurde er von der Liebe zu Sigune in Liebeskummer in Fesseln geschlagen.

Oh weh, sie sind noch zu unerfahren für solche Nöte! Denn wo die Liebe in der Jugend ergriffen wird, die währt am längsten. Wenn auch das Alter auf Minne verzichtet, bleibt doch die Jugend in den Fesseln der Minne; Minne ist ihrer Macht nicht beraubt.

Oh weh, Minne, zu was taugt deine Macht unter Kindern? Denn sogar einer, der keine Augen hat, ein echter Blinder, der könnte dich noch erspähen. Minne, du bist allzu verschiedenartig: Alle Schreiber der Welt zusammen könnten deine Abkunft und eigentümliche Beschaffenheit niemals ganz genau beschreiben.

Da man den rechten Mönch und auch den echten Klausner feierlich auf die Liebe einschwört, ist ihr Geist auf Gehorsam gerichtet, [und doch ist es so,] dass sie dennoch viele Forderungen der Minne nur unzureichend erfüllen. Die Minne zwingt die Ritter unter die Helme. Der Minne genügt auch der engste Raum.

Die Minne hat vom Kleinen wie vom Großen Besitz ergriffen. Minne hat auf Erden wie im Himmel die Aufgabe, vor Gott zu geleiten. Minne ist überall, außer in der Hölle. Die Kräfte der mächtigen Minne erlahmen, wenn der Zwiespalt gemeinsam mit dem Wankelmut ihre Begleiter werden.

Frei von beidem, von Wankelmut und Zwiespalt, waren das Mädchen Sigune und Schionatulander."

Der Erzähler hatte bis zu dieser Stelle aus der Vorgeschichte der beiden jungen Protagonisten Sigunes und Schionatulanders berichtet; das Geschehen ist an jenem Punkt angelangt, an dem nun von der beginnenden Liebe zwischen den beiden noch sehr jungen Menschen erzählt werden sollte. In Strophe 47,4 wird diese Liebe zum ersten Mal benannt. Und jetzt schaltet der Erzähler vier Exkursstrophen ein, außerordentlich weit gefasste Reflexionen über die Minne. Man sollte erwarten, dass nun die virulenten Themen der Narration aufgegriffen, reflektiert und programmatisch verhandelt würden. Das ist aber nur sehr bedingt der Fall. Auf fast jede Aussage folgt sogleich der Widerspruch, fast alles wird sogleich revoziert und auf andere Fragen umgelenkt. Programmatisches wird strikt verweigert, ja, als Kommentar zum Erzählten ist der Exkurs regelrecht dysfunktional – davon abgesehen, dass ich manchen Vers darin für schier unverständlich halte.[10] Dieser Exkurs liest sich wie ein lockerer, unvollständiger Themenkatalog dessen, was über Minne erzählt werden *könnte*.

Doch nicht nur die verhandelten Inhalte begründen keinen kohärenten Zusammenhang. Ähnlich ist es, wenn man auf die Bildlichkeit schaut. Wir finden zahlreiche Bildfelder, die in der Textumgebung der Strophen höchst präsent sind (was hinsichtlich der Themen oft nicht der Fall ist): Liebeskrieg, Liebesfessel, das Herz als Gefängnis, allegorisierende Personifizierung der Minne. Fragt man aber, wie dieses Reservoir intern organisiert ist, so bleibt man ratlos. Auch die Tropen und Bilder erhellen nicht Sinn oder Konstruktion der Erzähler-Digression, ja oft nicht einmal den Sinn von Einzelstellen; im Gegenteil: Sie vergrößern den Aspektreichtum in den Exkursstrophen. Der Minneexkurs ist nicht nur eine Ansammlung von bloß potentiellen thematischen Motiven, er ist ebenso sehr eine

---

10 Zu den Schwierigkeiten der Textetablierung, Übersetzung und des Verständnisses dieser Strophen s. die betreffenden Stellenkommentare von Helmut Brackert und mir (Anm. 9) sowie den Kommentar in: Wolfram von Eschenbach: *Titurel. Mit der gesamten Parallelüberlieferung des ‚Jüngeren Titurel'*. Kritisch herausgegeben, übersetzt und kommentiert von Joachim Bumke und Joachim Heinzle. Tübingen 2006.

Ansammlung von Bildern, die in einigen Aspekten aufgefaltet werden, die aber in ihrer Gesamtheit eben gerade kein kohärentes Bild mehr vermitteln.

Wenn also der Exkurs eine thematische und bildliche Ansammlung von Redeweisen über die Minne ist, die erstens in kaum erkennbarer spezifischen Beziehung zur erzählten Geschichte stehen und die zweitens permanent ihre eigene Inkohärenz zum Ausdruck bringen, nach welchem Selektionsprinzip geht dann der Erzähler vor? Was regiert das Syntagma? Achtet man nun weniger auf das ‚Was', sondern vielmehr auf das ‚Wie' der Verknüpfung, so zeigt sich ein Strukturprinzip: Es ist jeweils das Ende einer Strophe mit dem Beginn der nächsten metonymisch-konnotativ verknüpft, quer zu den Themen und Bildfeldern. Ich gehe die Passage kurz durch: Das Ende der letzten Erzähl-Strophe führt die Metapher des Herzen als Liebesgefängnis ein, mit der Vokabel *geslozzen* (47,4). Die nächste Strophe, die erste Exkursstrophe, nimmt weder das Thema noch eigentlich die Metapher auf, sondern liefert mit *angest* (48,1) eine metonymische Ergänzung, die zu *geslozzen* in einer realen Kontiguitätsbeziehung steht: *angest* meint wörtlich „Enge", dann auch „Bedrängt-Sein, Not". Der Signifikant *angest* entfaltet eben diese doppelte Beziehung, indem er jenes Eingeschlossensein bezeichnet und zugleich Nöte, in die sich die Liebenden willentlich hineinbegeben, wenn sie Minne selbst ergreifen (48,2). Die verwirrenden Reflexionen über Bindung und Freiheit, zu denen diese Doppeldeutigkeit Anlass gibt und die wiederum die Dichotomie von Jugend und Alter hervortreiben, beendet die Strophe mit der Rede von der *kraft* der Minne (48,4). Genau dieser Signifikant *kraft* wird am Beginn der folgenden Strophe aufgenommen (49,1), *nicht* aber das Thema: Denn *kraft* der Minne wird nun nicht mehr hinsichtlich der Auswirkungen auf die Liebenden diskutiert, sondern sie verwandelt sich in ein Wahrnehmungs- und Beschreibungsproblem: Über die Macht der Minne, obwohl sie allerorten spürbar ist, lässt sich nicht schreiben noch reden, weil sie zu vielgestaltig ist. Die dafür verwendete Formulierung *art* und *ahte* (49,4) scheint die Konnotationen zu ermöglichen, die die nächste Strophe 50 inaugurieren. Denn in dieser geht es ja gerade nicht, wie es eine linear fortgeführte Reflexion erwarten ließe, um Arten und Beschaffenheiten der Minne. Aber es geht um *art*, Sippen-Herkunft, und um *ahte*, ständische Zugehörigkeit, nur eben nicht Herkunft und Stand der Minne, sondern derjenigen, die von ihr betroffen sind: um Geistlichkeit und Rittertum. Auch die Abfolge dieser Strophen verdankt sich weniger inhaltlicher Anknüpfung oder dem Fortschreiben einer Metapher, sondern nebeneinandergestellten Mehrdeutigkeiten von Signifikanten. Wenn Strophe 51 nun mit neuerlichen Ubiquitätstopoi beginnt, so verdanken sie sich abermals einer metonymischen Beziehung: Mit dem engen *rûme* („Raum"), mit dem sich die Minne zuweilen begnügt, wenn sie mit dem Ritter unter den Helm schlüpft (50,4), wird *daz smal unt daz breite* konnotiert (51,1). Eine inhaltliche Ausfaltung der Rede von dem engen Ritterhelm ist dies nicht, denn jetzt geht es nicht um Aufenthaltsorte der Minne, sondern um das, was sie *begriffen hât* (51,1): Das Thema des Raumes, das in ganz anderen paradigmatischen Zuordnungen eingeführt wurde, wandert als bare Vorstellung, als Stichwort gleichsam hinüber in neue paradigmatische Zusammenhänge, die nun erst in Strophe 51 entfaltet werden. Paradigma des Raumes meint: Im Kleinen wie im Großen, unten und oben und ganz unten, auf Erden im Himmel, in der Hölle. Die Hölle wird mit *zwîvel* konnotiert – dass greift zurück auf zwei prominente Paratexte, auf die Prologe des ‚Gregorius' Hartmanns von Aue und des ‚Parzival' Wolframs. Und diese intertextuelle Konnotation schafft den Übergang zur nächsten Strophe 52, die Rückkehr vom Exkurs zur Handlung – in schierer Negation: Hölle = *zwîfel mit wanke*; die Liebenden = Nicht-*zwîfel mit wanke*. Das ist keine *ratio*, die sich noch bemühte, den Eindruck einer Notwendigkeit und Zwangsläufigkeit des Syntagmas zu erzeugen, sondern eine metonymisch-konnotative Kette an der Textoberfläche, gesetzt vom Erzähler, die den Zirkel schließt, um am Ausgangspunkt wieder anzukommen: bei den so reinen Liebenden.

Auch für den Minneexkurs gilt, dass weder paradigmatische – also themenbezogene oder metaphorische – noch syntagmatische Beziehungen das Erzählte dominieren: Es ist die eigentümliche Kombination beider Prinzipien, eine Entfaltung meist denotativ-inhaltlicher Perspektiven *innerhalb* einer Strophe, die verkettet werden durch primär metonymisch-konnotative Beziehungen *zwischen* den Strophen.

Ich versuche einen Schluss. Es scheint eine Eigenart von Wolframs Umgang mit Topoi und Metaphern zu sein, dass er deren diverse sinnstiftende Beziehungen *simultan* zur Geltung bringt, und vor allem, dass er sie nebeneinander bestehen lässt, ohne sie in eine *ratio* des Erzählten erklärend aufzulösen. Wolframs Umgang mit Metaphern und den Signifikanten, aus denen die Metaphern bestehen, setzt auf Evidenz in einem ganz bestimmten Sinne: Er setzt darauf, Verschiedenes gleichzeitig sichtbar zu machen. Da wir nun kein Organ zur Wahrnehmung von Simultanität haben, lösen wir Leser das beschreibend in ein Nacheinander auf. Was dabei zum Vorschein kommt, ist weniger ein Verfahren der Sinnstiftung des Erzählten, also weniger eine *ratio* des zu Erzählenden, sondern vor allem eine *ratio* des Erzählens, eine Reflexion auf das ‚Wie' des Erzählens einer Geschichte. Es ist – um noch einmal die Metapher unseres Tagungstitels wörtlich zu nehmen und umzusemantisieren – es ist ein ständiger Umbruch: ein permanentes, in beinahe jedem Signifikanten sich vollziehendes Umbrechen und Umklappen von der Ebene des Darstellens und der *histoire* zur Ebene des *discours*.

Der reflektierte Umgang mit Sprachlichkeit und Bildlichkeit in Wolframs Texten beweist sich darin, dass Wolfram systematisch den Beziehungen, die die

Signifikanten auf Seiten des Empfängers wie des Spenders eines Bildes eingehen, selbständig nachspürt und damit die Paradoxien und Dilemmata bildlichen Sprechens ans Licht bringt. Damit steht mehr und Fundamentaleres als bloß eine rhetorische Figur infrage: Insofern kein Sprechen ohne Metaphern auskommt, geht es immer zugleich um das Sprechen und Erzählen als kommunikative Beziehung zwischen Erzähler und Rezipienten, zwischen schon Erzähltem und noch zu Erzählendem, zwischen vorausgesetztem Sinn und zu schaffendem Sinn, zwischen Alt und Neu. Metaphern bilden heißt, „teaching old words new tricks", so Nelson Goodman[11] – eine Kunst, eine Gratwanderung und ein paradoxes Unterfangen, das mir in Wolframs Dichtungen, besonders radikal im ‚Titurel', in seiner ganzen Fülle und Dilemmatik entfaltet scheint.

Gerard Genette hat exemplarisch an Proust gezeigt, dass Metaphern eine Metonymie als überwölbende Interpretation ergänzen können, dass Metonymien den Geltungsbereich und die Reichweite der Metapher vertreten können, dass das Sich-wechselseitig-Spiegeln und -Ergänzen von Metapher und Metonymie Kontinuitäten, Kohärenzen und Zusammenhänge des Erzählten erst schafft: „Seule la croisée d'une trame métonymique et d'une chaîne métaphorique assure la cohérence, la cohésion ‚nécessaire' du texte."[12] Paul de Man hat diese Genettschen Rekonstruktionen des Erzählens einer Revision unterzogen, indem er die logischen Spannungen zwischen metaphorischen und metonymischen Bezügen in den Vordergrund stellt.[13] Er zeigt, wie die Überredungskraft der Metapher eine „totalisierende Stabilität" zu erzeugen versucht, zwingende Bedeutungen zu etablieren trachtet und Notwendigkeiten behauptet, die durch die gleichzeitigen metonymischen Beziehungen der Signifikanten und des Syntagmas als „kontingente Figuren des Zufalls", als bloße Nähe, als Suggestionen entlarvt werden. Gerade wenn die Metapher in ihren Totalisierungsbestrebungen überzeugend ist, beruhe sie auf einer Metonymie, auch wenn sie stets das Gegenteil zu behaupten versuche. Erzählen zeigt sich in dieser Perspektive in erster Linie als „Erzählen vom Fliehen der Bedeutungen".

Wie stark man nun solch dekonstruktivistische Lesarten angesichts mittelalterlicher Texte machen möchte, ist wohl vor allem eine Frage des Geschmacks und Stils. Dass aber damit wichtige Aspekte der Wolframschen Poetik ans Licht zu bringen sind, davon bin ich überzeugt. Wolframs Texte, gerade an ihren dunkelsten und brüchigsten Stellen, lassen sich nun begreifen als Experimente sprachli-

---

11   Nelson Goodman: *Sprachen der Kunst. Entwurf einer Symboltheorie.* Übers. von Bernd Philippi. Frankfurt 1997 [zuerst engl. 1969], S. 74 (im engl. Original S. 82).
12   Gerard Genette: *Métonymie chez Proust.* In: ders.: *Figures III.* Paris 1972, S. 41–63; hier S. 60.
13   Paul de Man: Lesen (Proust). In: ders.: *Allegorien des Lesens.* Aus dem Amerikanischen von Werner Hamacher und Peter Krumme. Frankfurt 1988, S. 91–117 [zuerst engl. 1979]; hier S. 96–112.

cher Domestizierung der wilden, nicht zu bändigenden Bezüge der Signifikanten. Dabei erweist sich an entscheidenden Stellen die Sprache als unzulänglich, Kohärenz herzustellen und die Komplexität der fiktionalen Welt einzufangen – und gerade darin enthüllt sie zugleich die Komplexität und Totalität dieser Welt, eben indem sie die Totalitätsansprüche der Metapher, d. h. die angemaßte, autoritäre Hierarchisierung von Signifikantenbeziehungen zurückweist und als unzulänglich, eindimensional entlarvt. Gerade dieses Offenlegen der „schwindelerregende Möglichkeiten referentieller Verirrung", um noch einmal de Man zu zitieren,[14] scheint mir die produktivste Leistung Wolframs zu sein. Es ist ein Aufbrechen der Textoberfläche und der vordergründigen Motivierungsstrukturen des Erzählten und bringt die Aporien des Bildens eines kohärenten sprachlichen Syntagmas zum Vorschein. Das ist bestürzend: bestürzend modern. Der Aufbruch in die Postmoderne hat schon immer begonnen – auch vor 800 Jahren schon.

---

14 Paul de Man: Semiologie und Rhetorik. In: ders.: *Allegorien des Lesens* (Anm. 13), S. 31–51; hier S. 40.

Verzeichnis der Autor(inn)en

Katharina Hacker
Lebt als freie Autorin in Berlin

Prof. Dr. Stephan Fuchs-Jolie
Professor für Literatur der Älteren Epochen am Deutschen Institut der Johannes-Gutenberg Universität Mainz

Dr. Karina von Lindeiner-Stráský
Lehrkraft für besondere Aufgaben an der Johannes Gutenberg-Universität Mainz

Prof. Dr. Ariane Martin
Professorin für Neuere deutsche Literaturgeschichte mit kulturwissenschaftlicher Ausrichtung an der Johannes Gutenberg-Universität Mainz

Prof. Dr. António Sousa Ribeiro
Professor für Germanistik an der Abteilung für Sprachen, Literaturen und Kulturen der Geisteswissenschaftlichen Fakultät der Universität Coimbra (Portugal)

Prof. Dr. Bernhard Spies
Professor für Neuere deutsche Literaturgeschichte an der Johannes Gutenberg-Universität Mainz

Prof. Dr. Inge Stephan
Professorin (a. D.) an der Humboldt-Universität zu Berlin

Prof. Dr. Monika Szczepaniak
Universitätsprofessorin und Inhaberin des Lehrstuhls für Kulturwissenschaften am Institut für Germanistik der Kazimierz-Wielki-Universität Bydgoszcz (Polen)

Prof. Dr. Robert Vilain
Professor für Germanistik und Leiter der School of Modern Languages der University of Bristol (UK)

LiteraturFilm

Herausgegeben von Dagmar von Hoff

Die Bände 1-5 sind im Martin Meidenbauer Verlag erschienen und können über den Verlag Peter Lang, Internationaler Verlag der Wissenschaften, bezogen werden: www.peterlang.de.

Ab Band 6 erscheint diese Reihe im Verlag Peter Lang, Internationaler Verlag der Wissenschaften, Frankfurt am Main.

Band 6 Dagmar von Hoff / Monika Szczepaniak / Lena Wetenkamp (Hg.): Poetiken des Auf- und Umbruchs. 2013.

www.peterlang.de